t r a n s
p o s i t i o n e n

Tiqqun

Theorie vom Bloom

Aus dem Französischen von
Urs Urban

diaphanes

Titel der französischen Originalausgabe: *Théorie du Bloom*

1. Auflage; ISBN 3-935300-32-8

Satz und Layout: 2edit, Zürich, www.2edit.ch
Druck: Kästner-Druck, Berlin

Inhalt

Theorie vom Bloom

Brief an den Verleger

Paris, den 24. November 1999

Lieber Eric,

Anbei findest Du die neue, reichlich ergänzte und im Sonderdruck erschienene Fassung von *Der Mensch, eine Maschine: – Gebrauchsanweisung*. Entgegen allen Anscheins handelt es sich dabei nicht um ein Buch, sondern um ein *verlegerisches Virus*.
Das *Buch*, insofern es dem Leser gegenüber in eben der vorgetäuschten Vollständigkeit und abgeschlossenen Selbstgefälligkeit auftrat wie das herkömmliche Subjekt gegenüber seinesgleichen, ist, ganz wie die hergebrachte Gestalt des »Menschen«, ein totes Format.
Das Ende einer Institution wird in der Regel als das Ende einer Illusion erlebt. Und entsprechend dieser Wahrheit wird nun auch jenes überholte Ding nurmehr als eine Lüge begriffen. Daß die großen Bücher, ungeachtet ihrer Geschlossenheit, immer die gewesen sind, die eine Gemeinschaft zu *stiften* vermochten, und daß, mit anderen Worten, das Buch sein Dasein immer *außerhalb seiner selbst* gefunden hat, wird letztlich erst seit kürzester Zeit allgemein zugestanden. Es scheint sogar, als habe am linken Seineufer ein gewisser Stamm seine Zelte aufgeschlagen, eine Gemeinschaft des Buches, die dieser Lehre noch den Ruch des Ketzertums abzugewinnen vermöchte.
Nun weiß keiner besser als Du, daß das Ende des Buches sich nicht in seinem plötzlichen Verschwinden aus dem gesellschaftlichen Verkehr, sondern im Gegenteil in seiner totalen Verbreitung äußert. Das massenhafte Vorkommen des Buches ist nur ein Gesichtspunkt seines Todgeweihtseins, der Lesegenuß am Strand und die Tatsache, daß man es einstampft, zwei weitere.

Zwar gibt es zu diesem Zeitpunkt gewiß also noch Bücher, aber sie sind nur noch da, um die gefräßige Aktivität VERLEGERISCHER VIREN zu beherbergen. Das verlegerische Virus *stellt* den Grundsatz der Unvollständigkeit und des grundlegenden Ungenügens *aus*, auf dem der veröffentlichte Gegenstand beruht. Dieser birst vor überdeutlichen Anspielungen und in gröbster Weise praktischen Angaben – Adresse, Kontakt etc. – mit dem Ziel, *die ihm fehlende Gemeinschaft*, jene noch schemenhafte Gemeinschaft seiner wahren Leser, *zu verwirklichen*. Im Handumdrehen verweist er den Leser an eine Stelle, von der ihm jede Distanznahme, oder wenigstens *jede unbeteiligte Distanznahme*, unmöglich sein wird. In diesem Sinne werden auch wir unsere Theorie herausschälen, schärfen, zuspitzen: die *Theorie vom Bloom*.

Zur Kontaktaufnahme schreiben Sie an:

TIQQUN
18, rue Saint-Ambroise
F-75011 PARIS

Mr. Bloom beobachtete neugierig, freundlich, die geschmeidige schwarze Gestalt. Sauberer Anblick: der Glanz ihres glatten Fells, der weiße Knubbel unter dem Knauf ihres Schwanzes, die grünen blitzenden Augen. Er bückte sich zu ihr hinab, die Hände auf den Knien.
– Milch für das Pussilein, sagte er.
– Mrkgnau! schrie die Katze.
Die sollen nun dumm sein. Dabei verstehen sie besser, was wir sagen, als wir sie verstehen.

James Joyce, *Ulysses*

Zu dieser Stunde der Nacht

Die großen Wachenden sind tot.
Zweifelsohne hat MAN sie getötet.
Das schwache Schimmern ihres Eigenbrötlertums war den Vertretern des Schlafes allzu unbequem. Das wenigstens glauben wir, die Spätgeborenen, der Betretenheit, die ihr Name allenthalben noch auslöst, entnehmen zu können.
Jede lebendige Spur all dessen, was sie taten und was sie waren, scheint von der manischen Besessenheit der Mißgunst verwischt worden zu sein. Die Welt hat letztlich nur eine Handvoll toter Bilder von ihnen aufbewahrt, die sie noch mit dem Nimbus schändlicher Befriedigung umgibt ob des Sieges über jene, die doch besser waren als sie.
Hier stehen wir also, Waisenkinder alles Großen, einer Welt aus Eis ausgeliefert, an deren Horizont kein Signalfeuer aufleuchtet. Und die Alten versichern uns, unsere Fragen müßten ohne Antwort bleiben, um dann gleichwohl zuzugestehen: »*Nie war die Nacht von undurchdringlicherem Dunkel für die Intelligenz.*«

Wer sind Sie wirklich?

Die schöne schneebedeckte Landschaft gleitet rasch vor dem Fenster vorbei. Die Strecke zwischen V. und R., die früher eine Angelegenheit von einer Woche war, wird in kurzer Zeit durchmessen sein. Sie haben seit nicht ganz einer Stunde einen beliebigen Sitzplatz belegt, in einem der zwanzig identischen Wagen eines der heute so zahlreichen Hochgeschwindigkeitszüge. Die regelmäßige und ohne Zweifel bestmögliche Anordnung der Sitze unterbreitet sich der abstrakten Harmonie eines gedämpften Neonlichtes. Der Zug folgt seiner Schienenspur, und in diesem so weise einer Vorstellung von Ordnung abgerungenen Waggon scheint es, als folge das ganze Dasein unsichtbaren Schienen. Eine wohltuend höfliche Gleichgültigkeit füllt den Raum, der Sie von der auf dem Nebensitz plazierten Frau trennt. Keiner von Ihnen wird während dieser Reise das überflüssige Bedürfnis verspüren müssen, den Anderen anzusprechen, geschweige denn ein Gespräch zu beginnen. Das würde Sie nur in Ihrer gelassenen Zerstreutheit stören, und Ihre Nachbarin beim aufmerksamen Studium ihrer Frauenzeitschriften (»Wie man mit einem Mann schläft, ohne daß er es merkt«, »Die *weiche* Anmache«, »*Sinnvoll* Schenken«, »Ist er ein Glücksgriff?«, »Wer sind Sie WIRKLICH?«, etc.). Als dann ihr Handy klingelt, hält die junge Frau es auch nicht für nötig aufzustehen: »*Hallo? … Warte, wie, du bist nicht da! … Willst du mich verarschen, oder was? … Hör zu, seit drei Wochen versaue ich mir das Wochenende mit den Blagen, ich arbeite die ganze Woche und hab' schon Schwierigkeiten, überhaupt noch Zeit zum Leben zu finden, also… Nein. Nein. Nein, das kann ich nicht … Sieh zu, wie du klar kommst, das ist nicht mein Problem … Jedem das Seine, du hast mein Leben schon genug verpfuscht … Wie oft muß ich dir das noch sagen: ich fahre dieses Wochenende mit Jérôme weg, Punkt, aus … Alles klar, und wie soll das gehen? Mit dem Kleinen, der den ganzen Tag quengelt und rumheult: »Und wo ist der Papa?« … Ja, aber, weil du sein Vater bist! … Kommt nicht in Frage … Ist mir völlig egal, dieses Wochenende paßt du auf sie auf … Pech für sie, hättest dir ja eine entspanntere suchen können … Eins sage ich dir, wenn keiner da ist, lasse ich sie beim Hausmeister … ja klar, ich bin sehr vernünftig … das glaubst du, tschüß.*«

Diese Szene wiederholt sich ständig in ihrer ganzen Banalität. Das ist neuerdings völlig offensichtlich. Es kommt uns an wie eine Ohrfeige, im ersten Moment immer noch brutal, obwohl wir uns schon seit Jahren darauf einstellen mußten, Jahre, in denen wir einander mit peinlicher Genauigkeit vollkommen fremd geworden sind: Blanke Existenzen, gleichgültige Gegenwart, ohne jede Dichte. Gleichzeitig könnte diese Situation sich nicht so derart von selbst verstehen, wären wir uns nicht seither, in dieser Fremdheit, *vollständig vertraut*. Es war daher notwendig, daß die Fremdheit auch zur Chiffre unseres Verhältnisses zu uns selbst wird, daß wir also in jeglicher Hinsicht *Bloom* sind.

Wenn wir *auch* in Büchern auf den Bloom stoßen, so vor allem deswegen, weil jeder ihn immer schon flüchtig auf der Straße und dann später in sich selbst angetroffen hat. Das eine setzt das andere voraus.
Eines Tages widmet man sich dem allgemeinen Schweigen eines U-Bahnsteigs mit ungetrübterer Aufmerksamkeit als gewöhnlich, und hinter der vorgetäuschten Gemeinsamkeit zeitgenössischer Sitten beschleicht einen aus der Tiefe ein Schauder, ein jedem Verdacht offen ausgelieferter urzeitlicher Schrecken.
Letzter Mensch, Mensch der Straße, Mensch der Menge, Mensch der Massen, Massen-Mensch, auf diese Weise hatte MAN uns den Bloom zunächst vorgestellt: als das traurige Produkt einer Zeit der Mannigfaltigkeit, als den verhängnisvollen Sohn des Industriezeitalters und der Endzeit alles Angenehmen. Aber selbst hier, in diesen Bestimmungen, findet sich jenes Schaudern, MAN schaudert angesichts der *unendlichen Geheimnishaftigkeit des gewöhnlichen Menschen*. Jeder spürt, verborgen hinter dem Schauspiel seiner Eigenschaften, *eine reine Macht*; eine reine Macht, die zu ignorieren wir alle *gehalten* sind.

Was bleibt, ist notwendigerweise die Beunruhigung, die wir zu besänftigen glauben, indem wir uns gegenseitig die strengste Abwesenheit von uns selbst abverlangen, und ein Ignorieren jener *gemeinsamen*, aber aufgrund ihrer Anonymität unbestimmbar gewordenen Macht. Der Bloom ist der Name dieser Namenlosigkeit.

Kairos

Trotz, oder vielleicht gerade wegen der äußersten Verwirrung, die an ihrer Oberfläche herrscht, ist unsere Zeit eine *messianische* Zeit.
Damit soll gesagt sein, daß sehr alte Unterscheidungen sich verwischen, und daß mehrere tausend Jahre alte Einteilungen ihrerseits in sich geteilt werden.
Die Epoche beschränkt sich von selbst auf eine einzige, grundlegende Wirklichkeit und auf die *Zerstreuung* eben dieser Wirklichkeit. Die Mitglieder der zeitgenössischen Nicht-Gesellschaften, dieser gebieterischen Fiktionen, lassen sich immer offensichtlicher und *ohne Überschuß* einteilen in Parias und Emporkömmlinge. Dabei sind die Emporkömmlinge selbst auch nur Parias, die ihren Stand *verraten* haben und ihn um jeden Preis vergessen machen wollen, schließlich aber *immer* von ihm eingeholt werden. Man könnte anhand einer anderen Einteilung auch sagen, daß es heutzutage nur noch Müßiggänger und Aktivisten gibt, wobei die Aktivisten letztlich wieder Müßiggänger sind, die die ihnen wesenhafte Tatenlosigkeit zu *verbergen* suchen. Kann aber das Streben nach »starken Empfindungen« und »gelebter Intensität«, das das letzte Lebensziel so vieler Verzweifelter zu sein scheint, diese je von der ihnen grundlegend innewohnenden Gestimmtheit: der Langeweile, ablenken?

Die neue Unübersichtlichkeit resultiert aus der weltweiten Verbreitung all jener *falschen Gegensätze*, die doch letztlich Licht auf unsere innerste Wahrheit werfen. Und diese Wahrheit erklärt uns zu Bewohnern eines Daseins, das die Verbannung in eine wüste Welt ist, eine Welt, in die wir *geworfen* sind, und der wir ohne Auftrag, ohne Platzanweisung oder erkennbare Ahnenreihe preisgegeben sind. Sie gibt uns zu verstehen, daß wir zugleich *so wenig* und schon *zu viel* sind.
Hier beginnt die wahre, die *ekstatische* Politik. Mit einem gewaltigen und überwältigenden Lachen. Mit einem Lachen, das

mit einem Mal das Pathos *zersetzt*, welches die sogenannten Probleme der »Arbeitslosigkeit«, der »Einwanderung«, der »Unsicherheit« und der »Marginalisierung« ausdünsten.
Es gibt kein *gesellschaftliches Problem* der Arbeitslosigkeit, sondern nur die *metaphysische Tatsache* unseres *Müßiggangs*.
Es gibt kein *gesellschaftliches Problem* der Einwanderung, sondern nur die *metaphysische Tatsache* unserer *Fremdheit*.
Es gibt nicht die *soziale Frage* von Unsicherheit und Marginalisierung, sondern nur jene unerbittliche Wahrheit des Daseins: daß wir alle einsam sind, *so einsam, daß man noch vor dem Tod daran krepieren möchte*, und daß wir alle, bis in alle Ewigkeit, *endliche Wesen* sind.

Möge ein jeder selbst beurteilen, worum es dabei geht: ernsthafte Angelegenheit oder gesellschaftliche Zerstreuung.

Der Zeitschnitt, der sich im Jahre 1914 auftut, als die Illusion von den *»temps modernes«* nahezu vollständig zerfallen ist, während ihrerseits die Metaphysik ihre *Umsetzung* abschließt, dieser Zeitschnitt markiert das Eintreten des Ontologischen in die Geschichte, und zwar im Reinzustand und auf allen Ebenen. Dergleichen tektonische Verschiebungen der Wahrheit ereignen sich in jenen seltenen Augenblicken, in denen die Lüge der Zivilisation in sich zusammenfällt. Unsere Zeit tritt damit in jenes merkwürdige Sternbild ein, in dem sich schon der Herbst des Mittelalters und die ersten gnostischen Jahrhunderte unseres Zeitalters zusammenfanden. Dieselbe **Stimmung* kam hier mit derselben Rücksichtslosigkeit zum Ausdruck: Endzeit, Verlust, Trennung. Die *»temps modernes«* und das christliche Abendland waren zuvor *als Gegenbewegung* aus solchen Erhebungen *hervorgegangen*.
Diese Verwandtschaft verbietet uns, die das zwanzigste Jahrhundert prägende Gestimmtheit lediglich für ein »Unbehagen in der Kultur« zu halten. Es geht hier keineswegs um eine subjektive Verfaßtheit oder um den launigen Hang zu Verzweiflung

und Klage: Diese Gestimmtheit ist im Gegenteil die völlig *offensichtliche* Gegebenheit unserer Zeit, eine Gegebenheit, die MAN ohne Unterlaß zu verdrängen beginnt, sobald sie sich nur bemerkbar macht.
Die Menschen haben dabei weniger, rein negativ, »jeden Anhaltspunkt verloren«, als daß sie, *in positivem Sinne, Bloom geworden* sind.

DER BLOOM IST DAS ENDGÜLTIGE HERVORTRETEN DES URSPRÜNGLICHEN

Von nun an gibt es überall nur mehr den Bloom und die *Flucht vor* dem Bloom.

Er sah keine Zukunft mehr vor sich, und die Vergangenheit glich, wie sehr er sich auch bemühte, sie erklärlich zu finden, etwas Unverständlichem. Die Rechtfertigungen zerstoben, und das Gefühl der Wollust schien immer mehr zu verschwinden. Reisen und Wanderungen, ehemals geheimnisvolle Freuden, waren ihm seltsam zuwider geworden […]. Er war weder ehrlich heimatlos noch auch redlich und natürlich irgendwo in der Welt zu Hause. Er hätte so gern ein Orgelmann oder ein Bettler oder ein Krüppel sein mögen, damit er Ursache hätte, um das Almosen der Menschen zu flehen, aber noch inbrünstiger wünschte er zu sterben. Er war nicht tot und doch…

Stimmung

Die Menschen *Kafkas sind in einem ursprünglichen Sinne das gleiche* Ding *wie die* Welt *Kafkas.*

Um die *Figur* des Bloom begreifen zu können, ist nicht nur die Absage an die herkömmliche Idee vom Subjekt erforderlich, was wenig wäre, sondern auch die Preisgabe des modernen Begriffs von Objektivität.
Der Ausdruck »Bloom« hat nicht den Zweck, eine Schwäche im gängigen Wortgebrauch zu beheben, dem es an einem Wort zur Bezeichnung eines kürzlich auf der Oberfläche des Planeten erschienenen Menschentypus mangelte, vor dem man lieber auf der Hut sein sollte.
»Bloom« bezeichnet eine **Stimmung,* eine grundlegende Gestimmtheit des Seins.

Die Stimmung ist weder dem Subjekt, als eine Art die Wahrnehmung umspülende Laune, noch dem Objekt, als verflüssigte Spielart des *Weltgeistes*, zuzuordnen, sie ist vielmehr dasjenige, *aufgrund dessen* das Subjekt und das Objekt, das Ich und die Welt im Zeitalter der Klassik als solche, das heißt als deutlich voneinander getrennte, überhaupt haben bestehen können.
Weil sie das »Wie« ist, als das ein jedes Sein ist, wie es ist, ist die Gestimmtheit nicht ein unbeständig Flüchtiges oder einfach Subjektives, sondern gerade das, was jedem Sein von Grund auf *Bestand* und *Möglichkeit* verleiht. Der Bloom ist die Stimmung, in der und von der aus wir uns zum gegenwärtigen Zeitpunkt verständlich machen und ohne die diese Worte lediglich eine Abfolge verstörter Phoneme bilden würden.

...tot, nicht bettelarm und doch solch ein Bettler, aber er bettelte nicht, er trug sich auch jetzt noch elegant, machte auch jetzt noch, ähnlich einer langweiligen Maschine, seine Verbeugungen und machte Phrasen und entrüstete und entsetzte sich darüber. Wie qualvoll kam ihm sein eigenes Leben vor, wie lügenhaft seine Seele, wie tot sein elender Körper, wie fremd die Welt, wie leer die Bewegungen, Dinge und Geschehnisse, die ihn umgaben.

Robert Walser, *Aufsätze*

Aus geschichtlicher Perspektive benennt der Bloom eine ungewöhnliche Stimmung: jene, die mit dem Augenblick des Rückzugs des Subjekts aus der Welt, und der Welt aus dem Subjekt zusammenfällt, mit dem Augenblick, in dem das Ich und das Reale schlagartig aussetzen und so gut wie aufgehoben sind. Aus diesem Grund ist der Bloom die allgemeine Stimmung, *in der nichts als* Stimmungen *aufscheinen*, in der sich der Vorrang der Stimmung gegenüber jeder anderen Wirklichkeit bekundet.

Insofern sie die begriffliche Handhabe, mit der MAN vorgeben könnte, sie erfassen zu wollen, immer schon durchtränkt, kann die Stimmung, wenngleich sie empfindlich ist, nicht untersucht, nicht »objektiv« umschrieben oder zerlegt werden. Am ehesten können wir sie als die ihr entsprechende *Gestalt* denken, *Gestalt* als *die menschliche Fähigkeit der Weltgestaltung*. Was diese »Theorie« also anstrebt, ist durchaus eine Stimmung, jedoch eine durch die *Gestalt* vermittelte Stimmung.

Der Bloom ist daher *ebenfalls* der Name einer gespenstischen, verirrten, nach allen Seiten offenen Menschheit, der der Zugang zu jedem anderen Inhalt als der Stimmung, in der sie ek-sistiert, verwehrt ist, der Name also eines im Dämmerzustand verharrenden Seienden, für das es weder Reales noch Ich, sondern nurmehr Stimmungen gibt.

Mundus est fabula

Weil der Bloom jemand ist, dem es nicht mehr gelingt, sich entschlossen dem ihn umfassenden unmittelbaren Zusammenhang zu entziehen, hat er den Blick eines Menschen, *der nicht (wieder-)erkennt*. Alles fließt in seinem Wirken und verliert sich in dem folgenlosen Strudel objektiver Beziehungen, wo das Leben *ex negativo*, in der Gleichgültigkeit, in der Unpersönlichkeit, im Mangel an Eigenschaften erfahren wird.

Der Bloom lebt im Bloom.

Um uns herum erstreckt sich eine steinerne Welt, eine Welt der *Dinge*, in der wir selbst mit unserem Ich, unseren Gesten und vielleicht gar unseren Gefühlen als Ding Gestalt annehmen. Nichts kann uns in einem solchen todbringenden Landstrich zueigen sein. Immer mehr gleichen wir dem Verbannten, der sich niemals ganz sicher ist, das, was um ihn herum geschieht, auch zu begreifen.

Trotz der ungeheuren Enteignung und dem unerklärlichen Aufschub, die seither alles treffen, was ist, *funktioniert* das allumfassende Getriebe, unaufhörlich, als sei nichts geschehen. Nach wie vor stellt es Wechsel auf unsere Abgeschiedenheit aus.

In diesem Reich der fortwährend wiederhergestellten Ruinen gibt es keinen Ort, an dem wir Zuflucht finden könnten; und nicht einmal die Möglichkeit, in unser Inneres überzulaufen, bleibt uns noch. Noch vor jeder Entscheidung sehen wir uns einer grenzenlosen Endlichkeit ausgesetzt, die sich über die ganze Oberfläche unseres Seins ausbreitet.

Der Bloom ist also auch ein Mensch, den nichts mehr gegen die Trivialität der Welt verteidigen kann. Ein vernunftbegabter Kopf kam einst zu dem Schluß: *»Letztendlich ist der Bloom der entfremdete Mensch«*. Stimmt nicht: der Bloom ist bis zur Ununterscheidbarkeit mit seiner eigenen Selbstentfremdung verschmolzen.

Als leere Engel, Geschöpfe ohne Schöpfer, Medien ohne Nachricht schreiten wir am Rande des Abgrunds einher. Unser Weg, der ebenso gut gestern oder Jahre zuvor hätte enden können, ist nicht das Ziel und weiß nichts von der Notwendigkeit, außer der seiner Kontingenz. Ein Irrweg trägt uns auf den Pfaden des Identischen vom Selben zum Selben: wohin wir auch gehen, wir schleppen in uns die Wüste, in die wir uns zurückgezogen haben. Und wenn wir manchen Tags schwören könnten, »das ganze All« zu sein, wie Agrippa von Nettesheim, oder noch ein-

fältiger »alle Dinge, alle Menschen und alle Tiere«, wie Cravan, so weil wir in allem nur das Nichts sehen, das uns so vollständig ausmacht.
Aber dieses Nichts ist das vollkommen Reale, vor dem alles, was besteht, geisterhaft wird.

ως μη

Nichts ist dem Bloom unzugänglicher als jene *Lehnsmänner vergangener Zeiten*, die behaupten, an der Fülle und Unmittelbarkeit des Lebens teilzuhaben und bei jeder Gelegenheit die Überzeugung zu Markte tragen, die Fleischwerdung, das Dasein und die Dauer eben dieses Lebens zu sein. Wir hingegen finden nirgends, wo auch immer wir danach suchen, dieses starke Ich, dieses eigentliche Wesen, das MAN uns so großzügig überantwortet, sobald wir den Wunsch zu existieren nur äußern.
So wie jede wohlklingende Sittlichkeit, die der Illusion eines »authentischen« Ich Bestand verleihen könnte, nunmehr abhanden gekommen ist, hat sich auch alles zerstreut, was uns an die Harmonie des Lebens oder an die förmliche Positivität der Welt glauben ließ. In Wahrheit bleibt unser »Realitätssinn« immer nur die bornierte Spielart jenes »Möglichkeitssinns«, den man »als die Fähigkeit definieren [könnte], alles, was ebenso gut sein könnte, zu denken und das, was ist, nicht wichtiger zu nehmen, als das, was nicht ist« (Musil, *Der Mann ohne Eigenschaften*). Zu Zeiten der marktwirtschaftlichen Besatzung ist *die konkreteste* Wahrheit eines jeden Dings die seiner unendlichen Ersetzbarkeit.

Alle Verhältnisse, in die wir uns eingelassen sehen, tragen in ihrer Gleichwertigkeit die bis ins Unendliche wiederholte Prägung eines unwiderruflichen »Als Ob«. Wir arbeiten mit an der Erhaltung einer »Gesellschaft«, *als ob* wir selbst nicht zu ihr gehörten, wir haben eine Vorstellung von der Welt, *als ob* wir nicht selbst einen genau bestimmten Platz in ihr beanspruchten, und wir werden weiterhin älter, *als ob* wir immer jung bleiben könnten. Mit einem Wort: Wir leben, *als ob* wir nicht lebendig wären.

– Und genau da liegt sicherlich der schmerzhafteste Widersinn im Dasein des Bloom: es mag ihm nicht mehr gelingen, seinen lebendigen Leib, seine sprechende Physiologik zu vernehmen. In genau dem Augenblick, in dem MAN sie unaufhörlich – sexuell – bedeutsam machen möchte.

Der Leib des Bloom, sei er nun der Körper einer Frau oder der eines Mannes oder auch ein Körper unbestimmbarer Gestalt, ist noch in der ihn durchquerenden unsinnlichen Geschlechtwerdung gefangen. Aber diese gleichermaßen allgegenwärtige und *nie erlebte* Geschlechtwerdung ist nurmehr der Quell eines tauben und beständigen Leidens, ganz wie jenes, das der Amputierte für einen nicht mehr vorhandenen Körperteil verspürt. Das erklärt auch den wesentlich gespenstischen Charakter, die unheilvolle Aura der zeitgenössischen Massenpornographie: sie ist immer nur die Anwesenheit einer Abwesenheit. In der gänzlich zeichenhaften Welt des Bloom sind Phallus und Vagina nur Zeichen, die auf etwas Anderes verweisen, auf einen Referenten, den niemand mehr in einer zunehmend entschwindenden Wirklichkeit zu finden vermag. Der Leib des Bloom ist traurig und ohne Geheimnis.

Nicht den Sex müssen wir neu erfinden: Wir leben bereits inmitten der Trümmer der Geschlechtlichkeit, und unser Körper selbst ist eine Spur der Vergangenheit. Die Geschlechterrollen, die ihm *mangels Alternative* von den hergebrachten Gesellschaftsformen vermacht wurden, vermag der in einer unerbittlich vorpubertären Phase verharrende Bloom nicht umzugestalten. So drehen männlicher und weiblicher Bloom sich weiter im gleichen müden Reigen, zum Rhythmus der alten Leier der herkömmlichen Vergeschlechtlichung. Aber ihre Gesten erschöpfen sich. Ihr Tanz ist Schwerstarbeit. Sie straucheln. Es ist nicht schön anzusehen. —

Als ein Ding von vielen hält der Bloom sich aus allem heraus und verharrt in einem Zustand der Preisgabe, der dem seiner Umgebung entspricht. Er ist in jeder Gesellschaft einsam und unter allen Umständen nackt. Er ruht sich aus in der erschöpften Unkenntnis seiner selbst, seines Begehrens und einer Welt, in der das Leben Tag für Tag den Rosenkranz seiner Abwesenheit herunterbetet. Der Bestand des Erlebten, gleichgültig einer Art existentiellem Tourismus ausgesetzt, tauscht sich unaufhörlich in ihm aus.
Wir haben die Freude verlernt, so wie wir auch das Leiden verlernt haben, und wir sind Analphabeten geworden im Bereich der Gefühle, von denen wir nurmehr das von seiner ursprünglichen Bahn abgelenkte Echo vernehmen. In unseren von der Spätzeit getrübten Augen ist alles verbraucht, selbst das Unglück. Und vielleicht liegt letztlich gerade darin das Unheil beschlossen: nirgends mehr Rückhalt zu finden, weder im Zweifel noch in der Gewißheit.

Für ein Wesen, das sich mit dem Leben nur noch durch ein so schwaches Band verbunden fühlt, erhält die Freiheit einen so lückenhaften und entlegenen Sinn, daß sie ihm schlechterdings nicht mehr entzogen werden kann: es ist die Freiheit, den Blick mit einem gewissen Bewußtsein von der theaterhaften Nutzlosigkeit allen Seins über die Zukunft schweifen zu lassen, die Möglichkeit der Endzeit, Zuschauer des Weltgeschehens und in diesem Zuschauer seiner selbst zu sein. Am ewigen Sonntag seines Daseins bleibt die Aufmerksamkeit des Bloom daher auf immer bar jeden Gegenstandes, und aus diesem Grund ist er selbst *der Mann ohne Eigennutz.*
Die *Uneigennützigkeit* – insofern, als wir in unseren eigenen Augen keine Wichtigkeit zu haben mehr imstande sind, inso-

Alles was ich tue und denke, ist nur ein Probestück des mir Möglichen.
Der Mensch ist allgemeiner als sein Leben und Handeln. Er ist gewissermaßen für mehr Eventualitäten eingerichtet, als er kennenlernen kann.
Monsieur Teste sagt: Mein Mögliches verläßt mich nie.

Valéry, *Herr Teste*

fern aber auch, als die bürgerliche Kategorie des Nutzens keiner einzigen unserer Handlungsweisen mehr gerecht werden kann – ist hier nicht mehr Ausdruck von individuellem Idealismus, sondern ein Massenphänomen.

Der Mensch ist ganz sicher etwas inzwischen Überholtes.
All jene, die ihre Tugenden liebten, sind genau ihretwegen gescheitert.

»Jeder ist sich selbst am fernsten«

Die Grunderfahrung des Bloom ist die der Überschreitung seiner selbst, doch diese Erfahrung ist trotz ihres schönen Wortlautes zunächst die einer Machtlosigkeit und eines grenzenlosen Leidens.

Wie groß die Wertschätzung auch sein mag, die wir uns gegenüber gern aufrechterhielten, wir *sind nicht* Subjekt, sind keine uns selbst genügende und bis zur Versklavung unumschränkt herrschend-beherrschte Ganzheit.

Wir wachsen in einem einerseits vom Spektakel, andererseits von der Biomacht vollständig vermessenen und *besetzten* Raum heran. Und das Schlimme an dieser Vermessung und an dieser Besatzung ist, daß sie von uns eine Unterwerfung verlangen, gegen die wir uns nicht mit der endgültigen Geste eines Bruches erheben, sondern die wir nur *strategisch umpositionieren* können.

Die Herrschaftsmacht, unter der wir leben, ist in nichts vergleichbar mit jener Verwaltungsmacht der Monarchien, deren Vorstellung bis ganz zuletzt, und das heißt noch im Innern der biopolitischen Demokratien, die einzige von den revolutionären Bewegungen *anerkannte* Angriffsfläche geblieben ist: die Vorstellung von einem Verhinderungszusammenhang, einem rein repressiven Zwang.

Die zeitgenössische Form der Herrschaft indessen ist ihrem Wesen nach *produktiv*. Einerseits bestimmt sie alle *Äußerungen* unseres Daseins – als Spektakel; andererseits steuert sie seine *Voraussetzungen* – als Biomacht.
Das Spektakel ist die Macht, die will, daß ihr redet, und daß ihr *jemand* seid.
Die Biomacht ist jene wohlwollende Macht, voll der Hingabe des Hirten für seine Herde, die das Beste für ihre Untertanen will, die Macht, die *will, daß ihr lebt*. Eingespannt in den Schraubstock einer gleichermaßen totalisierenden wie individualisierenden Kontrolle und bis auf die Haut bedrängt von einem doppelten Zwang, der uns mit der gleichen Bewegung, mit der er uns ins Dasein erhebt, zum Erlöschen bringt, entscheiden sich die meisten von uns für eine Art der Politik des Verschwindens: den inneren Tod vortäuschen und, wie der Gefangene vor dem Großinquisitor, kein Sterbenswörtchen sagen. Indem sie *sich* jeder Positivität, und dieser Positivität den Boden entziehen, entreißen sie der produktiven Macht alles, worüber diese herrschen könnte. Alles was sie einer Macht, die vorgibt, sie *ins Leben zu rufen*, noch entgegenzusetzen vermögen, ist ihr Wunsch, nicht zu leben. Solcherart verharren sie im Bloom, und nicht selten finden sie hier ihre letzte Ruhestätte.

Der Bloom bedeutet also: daß wir uns nicht gehören, daß *diese* Welt *nicht unsere* Welt *ist*. Und daß sie uns nicht nur fremd ist, wenn sie uns in ihrer Gesamtheit gegenübersteht, sondern auch bis hinein in ihr kleinstes Detail. Diese Fremdheit wäre durchaus liebenswert, wenn man sie als eine uns grundsätzlich äußerliche voraussetzen könnte. Aber dem ist keineswegs so. Unsere Entfremdung von der Welt besteht darin, daß das Fremde *in uns ist*, und daß wir, in einer Welt der autoritären Ware, uns selbst mit schöner Regelmäßigkeit Fremde sind. Die Zahl der Gelegenheiten, bei denen wir gezwungen sind, uns bei unserem Tun zuzusehen und das Handeln eines Ichs zu betrachten, in dem wir uns nicht wiedererkennen, nimmt stetig zu; und seit geraumer Zeit bedrängt uns diese Situation selbst noch in jenem von der bürgerlichen Gesellschaft »Intimität« genannten Zustand. Das Andere *besitzt uns*; es ist jener zerstückelte Körper, ein gefügiges, wenngleich randständiges Artefakt in den Händen der Biomacht, es ist unser ausdrücklicher Wunsch, im undurchdringlichen Geflecht aus winzigen Unterwerfungsgesten und dem uns so eng einschnürenden, uns zerstoßenden Druck zu überleben; es ist die Summe der Berechnungen, der Erniedrigungen und Kleinlichkeiten, die Gesamtheit der *Taktiken*, die zu entfalten wir *gezwungen* sind. Es ist die ganze sachgemäße Mechanik, der wir innerlich huldigen.

DAS ANDERE IST *DIE WIRTSCHAFTLICHKEIT* IN UNS.

Der Bloom bedeutet auch: daß jeder für sich weiß, daß er *nicht* er selbst *ist*. Wenngleich wir gelegentlich, dem Einen oder Andern gegenüber, zumeist jedoch in der Anonymität, den gegenteiligen Eindruck gewinnen können, so bewahren wir im Grunde das Gefühl eines nicht-authentischen Daseins und eines gekünstelten Lebens. Die innere Anwesenheit des Andern verknüpft sich auf allen Ebenen mit unserem Bewußtsein: es ist ein leichter und dauerhafter Seinsverlust, ein fortschreitendes Austrocknen, ein in die Dauer verlegter kleiner Tod. Trotz allem beharren wir äußerlich darauf, die Annahme unseres Mit-uns-selbst-identisch-Seins aufrechtzuerhalten, wir *spielen* Subjekt. Aus dieser Zerreißprobe erwächst Scham, und beide gemeinsam werden immer größer. Also versuchen wir den Ausbruch, wir werfen uns mit immer größerer Gewalt nach Außen, so weit weg wie möglich von dieser entsetzlichen inneren Spannung. Nichts davon darf offenbar werden, wir müssen uns an unsere gesellschaftliche »Identität« hängen, unserer Entfremdung fremd bleiben: GUTE MIENE MACHEN im Angesicht des Trümmerfeldes.
Diese Lüge findet sich in jeder unserer Gesten.
Soweit das Grundsätzliche.

Es ist nicht mehr an der Zeit, aus den verschieden Kombinationsmöglichkeiten des Unheils Literatur zu machen.

Bisher wurde zu viel zum Thema des Bloom geschrieben und zu wenig darüber nachgedacht.

ens realissimum

Als *der Ptolemäer* in sich hineinblickte, fand er nur »zwei Phänomene: die Soziologie und die Leere«. Von diesem Punkt gilt es auszugehen: nicht von dem, was wir zu sein glauben – der Soziologie – sondern von dem, was wir in unserm Innersten als einen *Mangel* verspüren, denn das ist das wirklichste Ding, das *ens realissimum*. Der Bloom bedeutet nicht, daß wir aus der Sicht des herkömmlichen Subjekts und seiner so erstaunlichen Selbstgenügsamkeit ohnmächtige Subjekte sein werden; vielmehr *offenbart* er, daß dem menschlichen Dasein eine prinzipielle Unvollständigkeit und ein radikales Ungenügen zugrundeliegt. Was uns ausmacht, ist gerade *diese Schwäche*, die, wenn es ihr gefällt, die *Maske* des Subjekts wählen *kann*.

Gewiß, wir sind nichts, nichts als das Nichts, um das herum der Strudel unserer Einfälle, unserer Erfahrungen, unseres Elends und unserer Empfindungen kreist. Gewiß, wir sind die leere Achse eines Schachts ohne Wände, eine Achse, die nicht aus sich selbst heraus da ist, sondern aus der Einsicht, daß jeder Kreis einen Mittelpunkt haben muß. Aber dieser rückhaltlose Mangel begreift sich selbst als die allerhöchste Positivität, die sich wie folgt äußert:

ICH BIN DER VERMITTLER
ZWISCHEN MEINEM SO-SEIN
UND MEINEM NICHT-SO-SEIN.

Der Bloom ist gerade ein solcher Mittler, jedoch ein *passiver* Mittler, *Zeuge* seiner eigenen Entsubjektivierung, seines unabschließbaren Anders-Werdens. Er verdeckt die ursprüngliche Differenz, die uns lehrt, daß wir das nicht sind, was wir sind, und daß unsere Kraft sich in keinem Prädikat erschöpfen kann. Die Unvollständigkeit ist die Seinsweise all dessen, was in Verbindung mit der Macht steht, die Daseinsform von allem, was dem *Werden* gewidmet ist.

Der unheimlichste aller Gäste

Weil er die Leerstelle jeder wesenhaften Bestimmung ist, ist der Bloom der unheimlichste aller Gäste im Menschen, derjenige, der vom einfachen Geladenen zum Herrn des Hauses geworden ist. Seit er sich in uns eingerichtet hat, finden wir uns auf lächerliche Weise mit einem nurmehr bekleidenden Sein ausgestattet. Was auch immer wir unternommen haben, um eine Wesenhaftigkeit wiederzuerwerben: diese bleibt doch, bezogen auf uns selbst, etwas Zufälliges und Unwesentliches. Der Bloom gibt also der neuen alterslosen Nacktheit einen Namen, einer spezifisch menschlichen Nacktheit, die unter jeder Eigenschaft verschwindet und diese dennoch trägt, die jeder Gestalt vorgängig und zugleich die Bedingung ihrer Möglichkeit ist.
Der Bloom ist das maskierte Nichts. Es wäre daher lächerlich, sein Auftauchen in der Geschichte als die Geburt eines besonderen Menschentyps zu feiern: Der Mann ohne Eigenschaften benennt *keine* bestimmte menschliche Eigenschaft, sondern ist im Gegenteil *der Mensch schlechthin*, die letzte Verwirklichung des Wesens der menschlichen Gattung, das gerade im Mangel an Wesenhaftigkeit, in reinem Ausgeliefertsein und reiner Verfügbarkeit besteht: er ist *Larve*.

Es hat einen Inhalt, den es von sich unterscheidet; denn es ist die reine Negativität oder das Sichentzweien; es ist Bewußtsein. Dieser Inhalt ist in seinem Unterschiede selbst das Ich, denn er ist die Bewegung des Sichselbstaufhebens oder dieselbe reine Negativität, die Ich ist.

Hegel, *Phänomenologie des Geistes*

Die bürgerliche Republik kann stolz darauf sein, die erste historische Umsetzung von Format, und letztlich das Modell dieser kontrollierten Ekstase geliefert zu haben. Auf bislang noch nicht gesehene Weise findet sich in ihr das Dasein des Menschen als Einzelwesen *förmlich* getrennt von seinem Dasein als Mitglied der Gemeinschaft. Auf diese Weise ist dem Menschen in der bürgerlichen Republik, dort also, wo er ein anerkanntes Subjekt ist, jeder eigene Wert vorenthalten: er ist eine unwirkliche Gestalt, ein »Bürger«; da, wo er in seinen eigenen Augen und in den Augen aller anderen in seinem täglichen Dasein als ein wirkliches Subjekt auftritt, ist er eine Gestalt ohne Wahrheit, ein »Individuum«. Das Zeitalter der Klassik hat somit die Grundausstattung bereitgestellt, deren Anwendung aus dem Menschen das gemacht hat, was uns heute geläufig ist: einen Zusammenschluß doppelten Nicht-Seins, desjenigen des *unberührbaren* »Verbrauchers« und desjenigen des »Bürgers«, dieser absurden Abstraktion der Ohnmacht.

Je mehr aber Spektakel und Biomacht sich vervollkommnen, je mehr Selbstbestimmung dem äußeren Schein und den grundlegenden Bedingungen unseres Daseins zugestanden wird, je mehr die Lebenswelt sich von den Menschen löst und ihnen fremd wird, desto weiter zieht sich der Bloom in sich zurück, vertieft sich in sich selbst und erkennt seine innere Souveränität gegenüber der Gegenständlichkeit. Mit immer größerer Gelassenheit macht er sich los von seiner gesellschaftlichen Bestimmtheit, von seiner »Identität«, und verhärtet sich, jenseits aller Nützlichkeit, in der reinen Kraft der Verneinung.

Die Verortung der Menschen und ihrer im Undarstellbaren zusammenlaufenden Welt im *Exil* fällt zusammen mit der Situation *existentieller Unzulässigkeit*, in die das Spektakel sie verweist. Sie macht die vollkommene Einzigartigkeit jedes gesellschaftlichen Atoms erkennbar als das absolut Beliebige, und seine reine Differenz als ein reines Nichts.

Sicherlich ist der Bloom, so wie das Spektakel es uns unaufhörlich wiederholt, *in positivem Sinne nichts*. Über den Sinn dieses »Nichts« allerdings gehen die Deutungen auseinander.

– An diesem Punkte angelangt, wird jeder wache Geist auf die konstitutive Unmöglichkeit jedweder »Theorie vom Bloom« geschlossen haben und mit gutem Recht seines Weges gehen. Die Hellsichtigsten werden mit einem logischen Fehlschluß von der Art »der Bloom ist nichts, da man aber über das Nichts nichts sagen kann, gibt es also über den Bloom nichts zu sagen, *quod erat demonstrandum*« herausrücken und werden es sicherlich bedauern, ihre fesselnde »Wissenschaftliche Untersuchung des intellektuellen Feldes in Frankreich« für einen Moment beiseite gelegt zu haben. Diejenigen, die trotz des offenkundigen Widersinns unserer Ausführungen weiterlesen wollen, dürfen dabei nicht einen Augenblick lang den notwendig unschlüssigen Charakter jeder Rede vom Bloom außer Betracht lassen. Sich mit der menschlichen Positivität des reinen Nichts zu beschäftigen, läßt nur die Wahl, den völligen Mangel an Eigenschaften als Eigenschaft und die grundlegende Substanzlosigkeit als Substanz darzustellen, immer mit der Gefahr allerdings, letztlich dem Unsichtbaren ein Gesicht zu geben. Wenn ein solcher Diskurs seinen Gegenstand nicht verraten will, muß er ihn aufscheinen lassen, um ihn im nächsten Moment wieder verschwinden zu lassen, *et sic in infinitum*.

Kleine Chronik des Unheils

Obschon er die jedem Menschen zu jeder Zeit innewohnende *grundsätzliche Möglichkeit* ist, die *reale* Möglichkeit der Möglichkeit, und obschon er aus gerade diesem Grunde im Laufe der Jahrhunderte manches Mal beschrieben, erprobt und ausgeführt wurde – von den Gnostikern der ersten Jahrhunderte unserer Zeitrechnung genau wie von den Häretikern am Ende des Mittelalters (Brüder des Freien Geistes, Kabbalisten oder rheinische Mystiker), von den Buddhisten wie von den *coquillards* – taucht der Bloom als die beherrschende Figur im Schoße des historischen Prozesses erst im Augenblick der Erschöpfung der Metaphysik, im Spektakel, auf.

Die Generation, die durch die Stahlgewitter hindurch das Gorgonenhaupt erblickte, die Generation der Expressionisten, der Futuristen, der Konstruktivisten, der Dadaisten und schließlich der Surrealisten war die erste, die *in ihrer Gänze* dieses furchtbare Geheimnis in sich trug. Hier wurden Versuche angestellt mit *etwas*, dessen bis zum äußersten erhitzte Radikalität auch im Taumel der zwanziger Jahre keinen *angemessenen* Ausdruck fand. Die gesamte Geschichte des Jahrhunderts läßt sich von hier aus begreifen als eine Folge von *Reaktionen* auf das zu diesem Zeitpunkt Erahnte, *in dem* wir uns immer noch befinden. Denn seit 1914 sind es weniger, wie MAN behauptet hat, »die Zivilisationen«, die sich ihrer Sterblichkeit bewußt geworden sind: es ist die *Zivilisation der Warenwirtschaft*, so wie sie sich vom Abendland in den Rest der Welt hinein verbreitet hat, die weiß, *daß sie im Sterben liegt.*

In Wahrheit ist der Bloom seit über hundert Jahren – grob gesagt: seit dem Aufblühen des Symbolismus – der nahezu ausschließliche »Held« aller Literatur, von Jarrys *Sengle* bis zum *Plume* von Michaux, von Pessoa persönlich bis zum *Mann ohne Eigenschaften*, von *Bartleby* bis Kafka, allerdings ohne den

Fremden-von-Camus und den Nouveau Roman, die wir getrost den Abiturienten überlassen. Obgleich der junge Lukàcs sich ihm schon früh näherte, wird er erst im Jahre 1927, mit der Abhandlung *Sein und Zeit* und dem völlig entkleideten und durchsichtigen **Dasein* im eigentlichen Sinne das zentrale Nicht-Subjekt der Philosophie – es gibt im übrigen Grund dazu, im französischen Vulgärexistentialismus, der sich später und tiefgreifender durchsetzte, als seine kurze Beliebtheit zunächst vermuten ließ, das erste ausschließlich dem Bloom vorbehaltene Denken zu sehen.

MAN hat die deutlich erkennbare Anwesenheit des Bloom in allen diesen Fällen lange als *ausschließlich literarisches* Phänomen und *rein philosophische* Übertreibung vernachlässigen können. MAN übt sich im übrigen immer noch gern darin: das entspannt die Atmosphäre. MAN würde gerne *en passant* vergessen, wessen *politischer* Zeitgenosse MAN ist, und auch, daß der Bloom genau in dem Moment in der Literatur in Erscheinung tritt, in dem sie als Institution brüchig wird, und in der Philosophie, wo diese in ihrer Funktion *als Wahrheitsregime* zusammenbricht.

Wenn, anders gesagt, Valéry schreibt: *»mit einem seltsam bitteren Vergnügen verspürte ich die Schlichtheit unseres statistischen Daseins. Die Menge der Individuen sog meine ganze Einzigartigkeit in sich hinein, und ich wurde in meinen eigenen Augen unkenntlich und ununterscheidbar«*, so fügt er der ehrwürdigen Betrachtung der Ästhetik keinen zusätzlichen Gegenstand hinzu: er drückt *politisch* aus, was es bedeutet, in der Zusammenballung der von der Biomacht verwalteten *Bevölkerung* ein Körper mehr zu sein.

Entwurzelung

Jede Weiterentwicklung der Gesellschaft der Warenherrschaft erfordert das Zerstören einer bestimmten Form von Unmittelbarkeit, die lukrative Aufspaltung des ursprünglich Geeinten in ein Verhältnis der *Relation*. Die Ware investiert, vermittelt und verkauft anschließend diese Spaltung und verwirklicht auf diese Weise Tag für Tag ein Stück jener utopischen Welt, in der ein jeder in jedweder Hinsicht nur noch dem Markt ausgesetzt ist. Marx hat in bewundernswerter Weise die ersten Phasen dieses Prozesses zu beschreiben gewußt, wenngleich aus einem kleinbürgerlichen Blickwinkel auf die Wirtschaft: »*Die Auflösung aller Produkte und Tätigkeiten in Tauschwerte*«, schreibt er in den *Grundrissen*, »*setzt voraus sowohl die Auflösung aller festen persönlichen (historischen) Abhängigkeitsverhältnisse in der Produktion, als die allseitige Abhängigkeit der Produzenten voneinander. [...] Die wechselseitige und allseitige Abhängigkeit der gegeneinander gleichgültigen Individuen bildet ihren gesellschaftlichen Zusammenhang. Dieser gesellschaftliche Zusammenhang ist ausgedrückt im Tauschwert [...]*«.

Es ist völlig abwegig, die anhaltende Zerstörung aller geschichtlichen Rückbindung und aller gewachsenen Gemeinschaftlichkeit für ein konjunkturell bedingtes Gebrechen der marktwirtschaftlichen Gesellschaft zu halten, dessen Beseitigung durch einfache Reformen in der Macht der Menschen stünde. Die Entwurzelung aller Dinge, die Aufspaltung jeder lebendigen Gesamtheit in sterile Bruchstücke und deren Verselbständigung nach dem Eintritt in den Kapitalkreislauf sind der Ware wesentlich inhärent, sie sind das Alpha und das Omega ihrer Beweglichkeit. Der höchst ansteckende Charakter dieser abstrakten Logik nimmt bei den Menschen die Form einer regelrechten »Entwurzelungskrankheit« an, die die Entwurzelten zu einer hektischen Aktivität veranlaßt, mit dem Ziel, anhand oft äußerst gewaltsamer Methoden einen immer größeren Anteil auch jener zu entwurzeln, die es noch nicht oder nur teilweise sind; *wer entwurzelt ist, entwurzelt.* Unserer Epoche gebührt der zweifelhafte Ruhm, die wuchernde und massenhaft verbreitete Fiebrigkeit dieses »destruktiven Charakters« bis zum Äußersten gesteigert zu haben.

Somewhere out of the world

»Ihr sollt sein wie die Vorübergehenden!«
Thomasevangelium

Aufgrund des Eindringens der Ware in die Gesamtheit menschlicher Verhältnisse tritt der Bloom zugleich als Produkt und als Ursache des Ausverkaufs allen wesenhaften *Ethos* in Erscheinung. Indem er wirkungsvoll von jeder Umgebung abgeschnitten und aller Zugehörigkeit beraubt wurde, ist er selbst also der *Mann ohne Substanz*, der wirklich abstrakt gewordene Mensch. Wir kennen ihn auch als jenes formlose Wesen, »das nirgends daheim ist«, wie die Monade in einer Welt, »die nur Atome gebiert« (Hegel), keiner Gemeinschaft angehört. Die universelle Gültigkeit des Paria-Status, *unseres* Paria-Status, anzuerkennen, hieße aber natürlich, zu viele angenehme Notlügen zu Grabe tragen zu müssen, sowohl für jene, die vorgeben, sich in diese »Gesellschaft« einzufügen, als auch für jene, die unter dem Vorwand, sie zu kritisieren, sich in Wahrheit ebenfalls in sie einfügen. Die berühmte Doktrin von der »Neuen Mitte«, oder, je nach Bedarf, von der »breiten Mittelklasse«, kommt seit einem halben Jahrhundert dem Leugnen und der Verschleierung unserer Bloomität entgegen. Auf diese Weise möchte MAN die *bereits vollzogene Auflösung aller sozialen Klassen* in der Begrifflichkeit der Klasse neu begreifen. Denn der Bloom ist sowohl der Neue Bürger von heute, dem auf geradezu pathetische Weise die Verläßlichkeit seines Bürgertums abhanden gekommen ist, als auch der Proletarier, der nicht die Spur eines

Proletariats mehr hinter sich weiß. Und nicht zuletzt ist er auch der weltweit vertretene Kleinbürger, Waisenkind einer Klasse, die es nie gegeben hat. Ganz wie das Individuum aus der Auflösung der Gemeinschaft hervorging, ist letztlich der Bloom das Ergebnis der Auflösung des Individuums, oder deutlicher: der *Fiktion* vom Individuum – denn das bürgerliche Individuum hat es überhaupt nur auf der Autobahn gegeben, und selbst da passieren Unfälle. Man würde allerdings die vom Bloom verkörperte *menschliche Radikalität* nicht begreifen, wenn man ihn sich als den herkömmlichen Typ des »Entwurzelten« vorstellte. Das Leiden, dem mittlerweile jedes ernsthafte Engagement verfallen ist, hat so extreme Ausmaße angenommen, daß niemand mehr sich auch nur das Heimweh nach einem Ursprung erlauben kann. Auch dieses hat man, um überleben zu können, in sich abtöten müssen. Der Bloom ist daher vielmehr *der wurzellose Mensch*, der Mensch, der sich an das Gefühl gewöhnt hat, im Exil zu Hause zu sein, der sich im Ortlosen verwurzelt hat und dem die Entwurzelung nicht mehr Verbannung, sondern den Normalzustand bedeutet. Nicht die Welt hat er verloren, sondern *das Interesse an der Welt* hat er zurücklassen müssen.

Erfahrungsschwund

Als eine konstatierbare Stimmung, als eine besondere Gestimmtheit, gehört der Bloom zu jener äußersten Abstraktion der Seinsbedingungen, die das Spektakel hervorbringt. Die zugleich widersinnigste und charakteristischste Verdichtung des spektakulären *Ethos* bleibt, auf der Ebene unseres Planeten, die Großstadt. Daß der Bloom im Wesentlichen ein Mensch der Großstadt ist, impliziert jedoch keineswegs die Möglichkeit, sich dieser Bedingung zu entziehen, weder durch die Herkunft noch durch eine Wahl; denn die Großstadt selbst hat *kein*

Eine ganz neue Armseligkeit ist mit dieser ungeheuren Entfaltung der Technik über die Menschen gekommen. [...] Denn was ist das ganze Bildungsgut wert, wenn uns nicht eben Erfahrung mit ihm verbindet? Wohin es führt, wenn sie erheuchelt oder erschlichen wird, das hat das grauenhafte Mischmasch der Stile und der Weltanschauungen im vorigen Jahrhundert uns zu deutlich gemacht, als daß wir unsere Armut zu bekennen nicht für ehrenwert halten müßten. Ja, gestehen wir es ein: Diese Erfahrungsarmut ist Armut nicht nur an privaten sondern an Menschheitserfahrungen überhaupt. Und damit eine Art von neuem Barbarentum. Barbarentum? In der Tat. Wir sagen es, um einen neuen, positiven Begriff des Barbarentums einzuführen. Denn wohin bringt die Armut an Erfahrung den Barbaren? Sie bringt ihn dahin...

Außen: noch jene Landstriche, die ihr metastatisches Wuchern nicht erreicht, sind in ihr Spannungsfeld miteinbezogen, indem sie *in jeder Hinsicht* von ihrer Abwesenheit bestimmt sind.

Das vorherrschende Merkmal des spektakular-metropolitanen *Ethos* ist *der Erfahrungsschwund*, von dem gerade die Bildung der Kategorie der »Erfahrung« sicherlich das beredteste Zeugnis ablegt: »Erfahrung« in jenem eingeschränkten Sinne, in dem man davon spricht, »Erfahrungen« (sexuelle, sportliche, berufliche, künstlerische, gefühlsmäßige, spielerische usw.) zu machen. Alles am Bloom entspringt diesem Verlust, oder ist mit ihm identisch. Im Schoße des Spektakels, und also der Großstadt, machen die Menschen niemals die Erfahrung konkreter Ereignisse, sondern lediglich die von Übereinkünften, von Regeln, von einer gänzlich symbolhaften und konstruierten Zweitnatur. Dort herrscht ein radikaler Bruch zwischen der Bedeutungslosigkeit des täglichen, sogenannten »privaten« Lebens, in dem sich nichts ereignet, und der Jenseitigkeit einer in einem »öffentlich« genannten Raum eingefrorenen Geschichte, zu der indes niemand vorgelassen wird.

All dies jedoch erweist sich mit immer größerer Deutlichkeit als der Vergangenheit zugehörig. Die Trennung zwischen den leblosen Formen des Spektakels und dem »formlosen Leben« des Bloom, mit seiner einfarbigen Langeweile und seiner stummen Begierde nach dem Nichts, überläßt in vieler Hinsicht der Ununterscheidbarkeit das Feld. Letztlich hat der Verlust der Erfahrung einen Grad von Allgemeinheit erreicht, an dem er sich seinerseits als eine ursprüngliche Erfahrung erklären läßt, als *Erfahrung der Erfahrung schlechthin*, als klare Bereitschaft zur Kritischen Metaphysik.

...von vorn zu beginnen; von Neuem anzufangen; mit Wenigem auszukommen; aus Wenigem heraus zu konstruieren und dabei weder rechts noch links zu blicken. [...] Arm sind wir geworden. Ein Stück des Menschheitserbes nach dem anderen haben wir dahingegeben, oft um ein Hundertstel des Wertes im Leihhaus hinterlegen müssen, um die kleine Münze des »Aktuellen« dafür vorgestreckt zu bekommen. [...] In [...] [dessen] Bauten, Bildern und Geschichten bereitet die Menschheit sich darauf vor, die Kultur, wenn es sein muß, zu überleben. Und was die Hauptsache ist, sie tut es lachend. Vielleicht klingt dieses Lachen hie und da barbarisch. Gut. Mag doch der Einzelne bisweilen ein wenig Menschlichkeit an jene Masse abgeben, die sie eines Tages ihm mit Zins und Zinseszinsen wiedergibt.

Walter Benjamin, *Erfahrung und Armut*

Die Metropolen der Separation

Die Großstädte unterscheiden sich von allen anderen großen menschlichen Ballungsformen vor allem dadurch, daß in ihnen die allergrößte Nähe, und oft auch die allergrößte Promiskuität, mit der größtmöglichen Entfremdung zusammenfällt. Nie zuvor sind die Menschen in so großer Zahl vereint gewesen, doch nie zuvor auch waren sie in solchem Maße voneinander getrennt.

In der Großstadt erfährt der Mensch die Negativität seines Daseins in Reinform. Im Schoße der großen Stadt bilden die drei grundlegenden Koordinaten dieses Daseins – Endlichkeit, Einsamkeit und Geworfensein – die Hintergrunddekoration der Existenz eines jeden. Keine feststehende Dekoration allerdings, sondern die bewegliche und austauschbare Dekoration der Großstadt, um derentwillen jedermann den eisigen Gestank ihrer Nicht-Orte in Kauf nimmt.

Der städtische *Szenegänger* bildet hier, und zwar sowohl aufgrund seiner Beharrlichkeit als auch wegen der zahlenmäßigen Ausdehnung seiner Anhängerschaft, einen besonders bemerkenswerten Typus von Bloom, nämlich seine imperialistische Fraktion. Der *Szenegänger* ist jener Typ von Bloom, der sich der Welt unter der Vorgabe, eine erträgliche Lebensform zu sein, anbiedert und der sich aus diesem Grund zur strengen Disziplin der Lüge zwingt.
Als der von einer endgültigen Ungläubigkeit den Menschen und der Sprache gegenüber gezeichnete Endverbraucher des Daseins lebt der *Szenegänger* vor dem Hintergrund eines kein Ende nehmenden Selbstversuchs. Er hat das Fassungsvermö-

Das Begreiflichwerden der Möglichkeiten, die unsere Zeit für uns bereithält, hängt ausschließlich von der Bewertung der Figur des Bloom ab. Sein Auftauchen in der Geschichte begründet für »unsere Partei« die Notwendigkeit eines vollständig neuen Ansatzes sowohl in der Theorie wie in der Praxis. Jede Analyse und jede Handlung, die sich dessen nicht vollkommen bewußt ist, sähe sich dazu verurteilt, das gegenwärtige Exil für immer zu verlängern. Denn da der Bloom keine Individualität hat, läßt er sich durch keine seiner Aussagen, Taten oder Äußerungen charakterisieren. Jeder Augenblick ist für ihn ein Augenblick der Entscheidung. Er besitzt keinerlei stabile Eigenschaften. Keine noch so inständig wiederholte Gewohnheit scheint dazu geeignet, ihm ein Sein verleihen zu können. Nichts haftet an ihm und er haftet an nichts, was…

gen seines Daseins genau eingegrenzt und beschlossen, es nur zu verlassen, um Anderen die eigene Unfruchtbarkeit anzupreisen. Auf diese Weise hat er die Hohlform der Erfahrung mit der Erfahrung der Leere gefüllt und wartet seither ständig auf ein Abenteuer, für das er sich jederzeit bereithält, das indes niemals eintritt: Jedes mögliche Szenario ist längst schon durchgespielt worden. Die in ein Wechselbad der Gefühle getauchte einsame Masse der *Szenegänger*, die immer schon verschwunden und immer schon *vergessen* sind, driftet unaufhaltsam ab, wie ein in einem depressionistischen Weltmeer aus Bildern und Abstraktionen verlorenes Floß voller Selbstmörder. Diese Masse hat nichts weiter zu übermitteln als die überkommene Formelhaftigkeit verfehlter Begierden und ein gegenstandsloses Leben in einem möblierten Nichts.

Überdies scheint die Metropole die Wahlheimat mimetischer Rivalitäten zu sein, jener längst enttäuschten aber fortlaufenden Lobpreisung eines »Fetischismus der kleinen Unterschiede«. Das ganze Jahr über spielt MAN dort die Tragi-Komödie der Separation: Je zurückgezogener die Menschen leben, desto mehr ähneln sie sich, je mehr sie sich ähneln, desto mehr hassen sie sich, und je mehr sie sich hassen, desto mehr ziehen sie sich zurück. Und sobald die Menschen nicht mehr begreifen, daß sie alle an der Errichtung einer gemeinsamen Welt beteiligt sind, entsteht eine Kettenreaktion, ein Bruch in der Gemeinschaft, dessen Bruchstücke vom Ganzen wiederverwertet werden.

Die Metropole lehrt uns, inwiefern der Verlust der Erfahrung und der Verlust der Gemeinschaft, wenngleich aus verschiedenen Blickwinkeln betrachtet, ein und dieselbe Sache sind. Es gilt jedoch zu berücksichtigen, daß es, entgegen der Nostalgie, die ein gewisser Romantizismus auch unter ihren Gegnern noch gern pflegt, eine Gemeinschaft vor unserer Zeit niemals

…ihm zu eigen schiene, auch nicht an der »Gesellschaft«, die sich gern auf ihn stützen würde. Um sich über die heutige Zeit einigermaßen klar zu werden, gilt es sich bewußt zu machen, daß es auf der einen Seite die Masse der Blooms, auf der anderen die Menge der Handlungen gibt. *Dem entspringt alle Wahrheit.*

gegeben hat. Und das sind keineswegs widersprüchliche Behauptungen. Diesseits vom Bloom, diesseits der »vollendeten Abtrennung«, diesseits der uns eigenen bedingungslosen Verlassenheit, diesseits also der vollkommenen Verwüstung jedes wesentlichen *Ethos*, konnte »Gemeinschaft« immer nur ein Bodensatz von Falschheiten sein – falscher Zugehörigkeit zu einer Klasse, einer Nation oder einem Umfeld – und eine Quelle der Begrenztheit; andernfalls *wäre sie nicht vernichtet worden.* Nur eine gründliche Entfremdung vom *Gemeinschaftlichen* hat das ursprünglich *Gemeinschaftliche* solcherart hervorheben können, daß die Einsamkeit, die Endlichkeit und das Ausgesetztsein, das heißt das einzige die Menschen *wahrhaft* Verbindende, auch die einzig *mögliche* Verbindung zwischen ihnen zu sein scheint. Was MAN heute mit einem großzügigen Blick auf die Vergangenheit als »Gemeinschaft« bezeichnet, hat ganz offensichtlich an diesem ursprünglich *Gemeinschaftlichen* teilgehabt, wenn auch auf vorläufige, da zweitrangige Weise. Uns kommt es denn auch zu, zum ersten Mal die Erfahrung einer wahrhaften Gemeinschaft zu machen, jener Gemeinschaft, die nur Bestand hat, *weil sie die Abtrennung, das Ausgesetztsein und die Endlichkeit auf sich lädt.*
Genau wie der Bloom verkörpert die Metropole zugleich den vollständigen Verlust der Gemeinschaft und *die bis zuletzt bestehende Möglichkeit, sie zurückzugewinnen.*

Genealogie des Bewußtseins des Bloom

Bartleby ist ein Büroangestellter.
Die dem Spektakel eigene Verbreitung eines Massenintellektualismus, dem die Beherrschung einer konventionalisierten Menge von Kenntnissen als eine besonders wertvolle Fertigkeit gilt, hängt ganz offensichtlich mit der besonderen Bewußtseinsform des Bloom zusammen. Dies umso mehr, als die Erfahrung des Bloom – abgesehen von jenen Situationen, in denen das ab-

strakte Wissen alle zentralen Bereiche beherrscht, und abgesehen von der organisierten Schläfrigkeit einer gänzlich zeichenhaft hergestellten Welt – nie in die Form erlebter Dauer, die er sich selbst hinzufügen könnte, übergeht, sondern stattdessen in einer Reihe unassimilierbarer *Schocks* Gestalt annimmt. Daher hat er sich ein Organ schaffen müssen, das ihn gegen die Entwurzelung schützt, mit der die Strömungen und Mißstimmungen seiner äußeren Umgebung ihn bedrohen: statt mit seiner Empfindsamkeit reagiert der Bloom in der Regel mit seinem Intellekt auf diese Entwurzelung, die auf diese Weise eine Bewußtseinserweiterung auslöst, die die psychische Vormachtstellung eben des Intellekts sicherstellt. Auf diese Weise verbirgt die Reaktion auf diese Phänomene sich in dem am wenigsten empfindsamen psychischen Organ, in jenem, das sich am weitesten von den Tiefenregionen des Seins entfernt hat. Einzig sein Bewußtsein also vermag der Bloom als sein eigen anzuerkennen, jedoch hat dieses Bewußtsein sich gänzlich vom Leben gelöst und nährt es nicht mehr, sondern betrachtet es lediglich, um in der Ferne zu versiegen.

Der Bloom kann keine innere Teilhabe am Leben entwickeln. Er betritt es immer nur unter Ausnahme seiner selbst. Aus diesem Grund läßt er eine so einzigartige Neigung zur Zerstreutheit, zum *déjà-vu* und zum Klischee erkennen, vor allem aber einen Gedächtnisschwund, der ihn in ewiger Gegenwart einschließt; und aus demselben Grund ist er auch ausschließlich für die Musik empfänglich, die allein ihm ein *abstraktes Empfinden* bereiten kann – es gälte hier noch die Geschwindigkeit, das Heroin und das »Gleiten« hervorzuheben, die ebenfalls zu den bloomigen Freuden zählen, wobei in ihnen *die Abstraktion selbst* sich *als Empfindung* zu erkennen gibt.
Alles, was der Bloom erlebt, tut und empfindet, bleibt etwas ihm Äußerliches. Und wenn er stirbt, so stirbt er wie ein Kind, wie jemand also, der nichts gelernt hat. Mit dem Bloom hat das Verbraucherverhältnis sich auf die Gesamtheit des Daseins und

auf die Gesamtheit des Seienden ausgeweitet. In seinem Fall hat die Propaganda des Marktes so entschieden den Sieg davongetragen, daß er in der Tat seine Welt nicht als das Ergebnis eines langen geschichtlichen Reifeprozesses begreift, sondern so, wie der Primitive den Wald wahrnimmt: als seine natürliche Umgebung. Was den Bloom betrifft, so lassen viele Dinge sich klarer sehen, begreift man ihn erst einmal aus diesem Blickwinkel. Denn er ist durchaus ein Primitiver, wenngleich ein *abstrakter Primitiver*. Wir wollen uns also erlauben, den vorläufigen Stand der Dinge in folgende Formel zu kleiden: *Der Bloom ist die ewige Jugend der Menschheit.*

Die Ablösung des Arbeitertypus durch die Figur des Bloom

Die neuerliche Umgestaltung der Produktionsbedingungen im Rahmen des Spätkapitalismus hat hinsichtlich der universellen Bloomifizierung Großes geleistet. Bereits die Epoche der *herkömmlichen Lohnarbeit*, die mit dem Übergang zu den siebziger Jahren endet, hatte einen beträchtlichen Teil dazu beigetragen. Die satzungsgemäß hierarchisierte Lohnarbeit war in der Tat langsam an die Stelle sämtlicher anderer Formen sozialer Zugehörigkeit getreten und hatte insbesondere die traditionell gewachsenen Lebensweisen abgelöst. An dieser Stelle begann auch die Aufspaltung des Menschen in ein gesellschaftliches und ein Einzelwesen sich abzuzeichnen: Da alle Macht bereits nur mehr *funktional*, das heißt aus dem Namenlosen entsandt war, bestätigte jedes »Ich«, das sich seiner selbst zu versichern suchte, letztlich immer nur seine Anonymität. Aber obwohl in der herkömmlichen Lohnarbeit die Macht immer nur als subjektlose, und das Subjekt immer nur als machtloses auf den Plan traten, blieb doch die Möglichkeit bestehen, aufgrund der verhältnismäßig stabilen Beschäftigungslage und der recht starren Hierarchien die subjektive Gesamtheit einer großen Anzahl von Menschen zu mobilisieren.

Von den siebziger Jahren an verliert die Garantie einer verhältnismäßig stabilen Beschäftigungslage, die es der marktwirtschaftlichen Gesellschaft erlaubt hatte, sich der sozialen Gruppenbildung gegenüber durchzusetzen, sowie die traditionelle Ordnung, deren hauptsächliche Tugend gerade dieses Stabilitätsversprechen bildete, zugleich mit der Vernichtung des Gegners jede Notwendigkeit. Zu diesem Zeitpunkt setzt jener Prozeß der Flexibilisierung der Produktionsweise und der Destabilisierung der Ausgebeuteten ein, in dem wir nach wie vor begriffen sind und der bis zum heutigen Tage seine äußerste Grenze noch nicht erreicht hat. Seit nunmehr bald drei Jahrzehnten ist die industrialisierte Welt in eine Phase regressiver Selbstverstümmelung eingetreten, in der sie selbst es in die Hand genommen hat, die herkömmliche Lohnarbeit Schritt für Schritt zu zerstören und *aus dieser Zerstörung neue Antriebskraft zu beziehen*. Seither wohnen wir der *Abschaffung der Lohngesellschaft auf dem Boden eben dieser Lohngesellschaft*, und das heißt im Herzen der von ihr etablierten Herrschaftsverhältnisse bei. »An dieser Stelle hört die Arbeit auf, als der leistungsstarke Ersatz für ein objektives ethisches Gefüge zu fungieren; sie kann den Platz der im übrigen seit langem entleerten und aufgelösten hergebrachten Formen von Ethik nicht länger für sich beanspruchen.« (Paolo Virno) Alle Vermittlungsinstanzen zwischen dem »atomisierten Individuum«, dem allein seine »Arbeitskraft« gehört, und dem Markt, auf dem er sie verkaufen muß, sind so weitgehend zerstört worden, daß ein jeder sich schließlich gegenüber der übermächtigen Autonomie des gesellschaftlichen Ganzen in vollständiger Isolation befindet. Nichts kann die sogenannten »postfordistischen« Produktionsformen seither mehr daran hindern, sich überall zu verbreiten, und mit ihnen die Flexibilität, Räumungsverkäufe, die Mobilität, das »Projekt*management*« und die »Aufgabenanreicherung« für »vielseitige Geschäftsträger«. Eine solche Organisation von Arbeit, deren Effizienz auf der Unbeständigkeit, der »Selbständigkeit« und dem Opportunismus der Produktionskräfte beruht, kann es sich als Verdienst anrechnen, jede Form von Identifikation des Menschen mit seiner gesellschaftlichen Funktion unmöglich zu machen, oder, mit anderen Worten, in höchstem Maße verantwortlich für die Hervorbringung des Bloom zu sein.

Die gegenwärtige Gestaltung der Produktionsweise, die aus der nach '68 in allen Industrieländern sich bemerkbar machenden allgemeinen Feindseligkeit gegenüber der Lohnarbeit hervorgegangen ist, hat sich bewußt *gerade diese Feindseligkeit* zugrundegelegt. Während ihre Vorzeige-Waren – die kulturellen Waren – sich einer Tätigkeit verdanken, die dem begrenzten Rahmen der Lohnarbeit fremd ist, beruht ihre totale Optimiertheit auf der List eines jeden, das heißt auf der Gleichgültigkeit oder sogar dem Widerstreben, das die Menschen ihrer Tätigkeit gegenüber empfinden – die gegenwärtige Utopie des Kapitals ist die einer Gesellschaft, in der die Gesamtheit des Mehrwerts dem Phänomen eines allgemeinen »Sich-Durchschlagens« entspränge. Man sieht also, wie die Entfremdung von der Arbeit ihrerseits *in den Dienst der Arbeit gestellt worden ist.* In diesem Zusammenhang zeichnet sich eine *Randständigkeit der Masse* ab, deren »Ausschluß« nicht, wie MAN gern glauben machen würde, durch die konjunkturbedingte Deklassierung eines Bruchteils der Bevölkerung ausgelöst wird, *sondern durch jene grundlegende Beziehung, die ein jeder zu seiner eigenen Teilnahme am gesellschaftlichen Leben unterhält,* und vor allem durch die Beziehung des Produzenten zu seinem Produkt. Die Arbeit geht nunmehr nicht länger als die Bestimmung eines Einzelnen im Menschen auf: sie wird vom Bloom nur noch als die zufällige Erscheinungsform einer allgemeinen gesellschaftlichen Unterdrückung begriffen. Die Arbeitslosigkeit ist lediglich die sichtbare Konkretion jener Fremdheit, die in einer Welt autoritärer Warenwirtschaft ein jeder seinem eigenen Dasein gegenüber empfindet.

Der Bloom tritt also auch als das Produkt der quantitativen und qualitativen Auflösung der Lohngesellschaft in Erscheinung. Er ist jener Bestandteil der menschlichen N*atur,* der den Produktionsbedingungen einer *endgültig asozial* gewordenen Gesellschaft, der keines ihrer Mitglieder sich in irgendeiner Weise mehr verbunden fühlt, entspricht. Sein Schicksal besteht darin, sich ohne Unterlaß einer in dauernder Umwälzung begriffenen Umwelt anpassen zu müssen und zu lernen, sein Exil in einer Welt auf sich zu nehmen, an der teilzuhaben er jedoch umso mehr *vorgeben* muß, als niemand wahrhaft an ihr teilhaben kann.
Jenseits all dieser erzwungenen Lügen jedoch gibt er sich nach und nach als einen *Menschen der Nicht-Teilhabe* zu erkennen, als *Geschöpf der Nichtzugehörigkeit*.
Je näher die Krise der Industriegesellschaft ihrem Ende rückt, desto entschlossener tritt die leichenblasse Gestalt des Bloom aus den eng geschlossenen Reihen der *Arbeiter* heraus.

Die Welt der autoritären Warenwirtschaft

»Alles, was da kreucht, wird mit Gottes Geißel zur Weide getrieben.«
Heraklit

Für die Herrschaft – und unter diesem Begriff kann man bei aller Zurückhaltung nur das symbolisch vermittelte Verhältnis der *Komplizenschaft* zwischen Herr und Knecht verstehen – besteht, in direkter Abhängigkeit von der Selbständigkeit, die die Blooms der ihnen von der Gesellschaft zugewiesenen Position gegenüber erlangen, die strategische Notwendigkeit neuer Anwartschaften und neuer Unterwerfungen.

Die Aufrechterhaltung der grundlegenden Vermitteltheit allen Seins durch die Ware erfordert auf diese Weise die Bevormundung immer größerer Anteile des menschlichen Daseins. In dieser Hinsicht gilt es zu bemerken, mit welch äußerster Eile das Spektakel den Bloom um seine schwerwiegende Seinspflicht erleichtert hat, mit welch behender Fürsorge es sich seiner Erziehung sowie der Zusammensetzung eines vollständigen Sortiments angepaßter Persönlichkeiten angenommen hat, und wie es schließlich seinen Einflußbereich auf die Gesamtheit des Sagbaren und des Sichtbaren sowie jener Codes auszudehnen wußte, die die Herstellung aller Beziehungen und aller Identitäten verschlüsseln. Die Entwicklung der Biomacht, die im 18. Jahrhundert einsetzte und mit der Totalen Mobilmachung von 1914 eine völlig neue Qualität erhielt, läßt sich nur vor diesem Hintergrund begreifen. Die Aufnahme des Menschen als eines Lebewesens in den Schoß der biopolitischen Demokratien, die Anwendung der gesellschaftlichen Integrationskraft *auf den Leib selbst*, die immer engmaschigere Verwaltung der *Bedingungen* unseres Daseins bilden den Gegenschlag der Herrschaft gegen die *Auflösung der Individualität* und das Verlöschen des Subjekts im Bloom. Gegen die Tatsache, daß die Herrschaft *den Halt verloren* hat.

Der produktive Charakter der Macht, die in der Welt autoritärer Marktwirtschaft zirkuliert, läßt sich vor allem an der Art und Weise ablesen, nach der dort die Kontrolle des Verhaltens *funktioniert*: in den meisten Fällen wird es ausreichen, die Einrichtung des öffentlichen Raumes, die Anordnung der Dekoration sowie die materielle Organisation der Infrastruktur zu beherrschen, um die Aufrechterhaltung der Ordnung sicherstellen zu können, und zwar einzig mittels der Kraft des Zwangs, den die namenlose Masse *auf jedes einzelne seiner Elemente* ausübt, damit es die gerade gültigen abstrakten Normen befolge. Ob in einer Straße im Stadtzentrum, in einer U-Bahn-Station oder einer Gruppe von *Arbeitskollegen:* die Vollkommenheit des Überwachungsdispositivs besteht gerade *in der Abwesenheit des Überwachers*.

Die panoptische Kontrolle ist nur noch effektiver, wenn sie kein Gesicht hat. Letztlich kommt es ihr überhaupt nicht darauf an, ob ihre Untertanen gegen sie aufbegehren oder sie akzeptieren, solange sie sich *äußerlich* unterwerfen.

Militarisierung des Unheils, Engführung der Herrschaft

Seit 1914 vermag die Warenherrschaft auf die Ungeheuerlichkeit des von ihr verursachten Unheils nurmehr mit Hilfe der totalen Mobilmachung zu antworten. Mithilfe des bald manifesten, bald latenten, in jedem Fall aber *permanenten* Ausnahmezustands behauptet sie der überbordenden Flut ihrer Inkonsequenzen Einhalt gebieten zu können. Die erste dieser Inkonsequenzen besteht darin, daß ihre Weiterentwicklung die Schaffung immer ausgedehnterer Möglichkeiten und zugleich das allgemeine Verbot ihrer Verwirklichung erfordert. Die Warenherrschaft muß also gleichzeitig ein Überangebot an Mitteln bereitstellen, und das notwendige Übermaß an *Schrecken*, damit niemand sich ihrer bediene. Als Verbreiter und Erdulder dieses Schreckens ist der Bloom ein Schreckensmensch: Er ist *der Kollaborateur*.

Die jüngste Zeit, während der schwerwiegende Krisen der Kontrollmacht den Anlaß boten, ganze Bereiche des Seienden dem Rhythmus eines auf Durchsichtigkeit und Nachvollziehbarkeit beruhenden kategorischen Imperativs anzupassen, zeichnet sich aus durch ein schnelles Sich-Zubewegen auf eine *Engführung der Herrschaft*.
Nur eine Minderheit von angepaßten Subjekten, denen man nun eine Verschränkung von Leben und Arbeit, von Person und Funktion abverlangt, wird auf die inzwischen wenig zahlreich gewordenen entscheidenden Stellen berufen. Die Bildung einer solchen Prätorianergarde des Kapitals, deren Mitglieder, anders als die große Masse der Gehaltsempfänger, nicht belie-

big austauschbar sind, ist Bestandteil einer untrennbar mit der Militarisierung des Unheils verbundenen Engführung der Herrschaft. Was die Überzähligen angeht, so arbeiten sie im Wesentlichen daran, sich gegenseitig *zu beschäftigen* und sich ihre Tatenlosigkeit streitig zu machen, was zugestandenermaßen einen echten Kraftakt erfordert.
In einer Zeit allgemeiner Wiederherstellung der Herrschaft steht der Bloom überall und in einem jeden mit dem Rücken zur Wand, denn er ist ebensosehr Tatenloser wie Fremder oder Paria. Daher muß er sich auch so kunstvoll tarnen, denn *der Bloom ist die Figur des Zivilisten inmitten der allgemeinen Militarisierung des Desasters.*

Von der schlechten Substanz

»Alles was Ihr seid, seid Ihr durch mich;
alles was ich bin, bin ich nur durch Euch.«
Hitler

Der Bloom lebt in Angst und Schrecken, und vor allem anderen fürchtet er sich davor, als Bloom erkannt zu werden.
Es deutet alles darauf hin, als zöge er die mimetische Hölle, in der wir nach Luft ringen, der Begegnung mit sich selbst allemal vor.
Die Biomacht nimmt in immer offenkundigerer Weise die Form einer die Subjektivierungen und Resubjektivierungen steuernden Planwirtschaft an. Es liegt also eine Zwangsläufigkeit in der in fiebriger Erregtheit sich vollziehenden industriellen Herstellung von einmalverpackten Persönlichkeiten, wegwerfbaren Identitäten und anderen hysterischen Zeitgenossen. Anstatt ihre eigene innere Leere zur Kenntnis zu nehmen, schrecken die Menschen in ihrer Mehrzahl vor dem Sog einer gänzlichen Abwesenheit von *Eigenschaften,* einer grundlegenden Unbestimmtheit, und also letztlich vor dem Abgrund ihrer Freiheit

zurück. Sie ziehen es immer noch vor, von jener verdorbenen Substanz aufgesogen zu werden, zu der in der Tat alles sie hinzieht. Man muß alsdann damit rechnen, daß sie im Verlauf einer notdürftig verborgenen Depression die eine oder andere bislang verschüttete Wurzel, unmittelbare Zugehörigkeit oder unveräußerliche Eigenschaft entdecken. Franzose, Ausgeschlossener, Frau, Künstler, Homosexueller, Bretone, Bürger, Feuerwehrmann, Moslem, Buddhist oder Arbeitsloser: alles ist recht, solange nur ein jeder in diesem oder jenem Tonfall und mit verklärtem Blick ins Unendliche das wunderbare »ICH BIN...« grölen kann.
Dabei kommen jede nur brauchbare leere Eigentümlichkeit und jede gesellschaftliche Rolle gelegen, da es einzig um die Beschwörung der eigenen Nichtigkeit geht. Und weil diesen vorgekauten Formen jedes gewachsene Leben vollkommen fehlt, versäumen sie es auch nicht, in das allgemeine marktwirtschaftliche System von Tausch und Gegenwert zurückzukehren, das sie widerspiegelt und leitet.
Schlechte Substanz heißt also, daß MAN sein Mark dem Spektakel verpfändet hat, und daß dieses für die himmlische Zuschauerschaft die Funktion eines universellen *Ethos* übernommen hat. Durch eine grausame List trägt auch dies jedoch letztlich nur dazu bei, den Vorgang des Zerbröckelns wesenhafter Seinsweisen noch zu beschleunigen. Im Walzertakt jener abgestorbenen Identitäten, aus denen der Mensch mit der schlechten Substanz zunehmend Nutzen zu ziehen glaubte, macht sich seine anfängliche Unentschlossenheit unerbittlich wieder bemerkbar. Was einen Mangel an Individualität verbergen sollte, scheitert nicht einfach, sondern schwächt zusätzlich die Überreste, die davon etwa noch bestehen mochten.
Der Bloom erringt die einfachsten Siege bei jenen, die sich ihm zu entziehen trachten.

Der Bloom ist die positive Wirklichkeit, auf die das Reich des Simulakrums verweist

Im Rahmen des Spektakels wäre es vergeblich, Anspruch auf Wesentlichkeit anzumelden. Nichts ist letztlich weniger authentisch und verdächtiger als die »Authentizität«. Was immer sich auf einen *Eigennamen* beruft oder mit sich selbst zur Dekkung zu kommen behauptet, kann nur gewaltsame Vereinnahmung oder Albernheit sein.

Indem das Spektakel jedem lebenden Einzelwesen auferlegt, sich als besonderes und damit von einem formalen und außerhalb seiner selbst gelegenen Gesichtspunkt aus zu betrachten, zerreißt es dieses von innen heraus und markiert es mit einer Ungleichheit, einer Differenz. Es verlangt vom Ich, sich selbst für einen Gegenstand zu halten, sich zu verdinglichen, und sich selbst *als einen Anderen* zur Kenntnis zu nehmen. Auf diese Weise sieht das Bewußtsein sich in eine endlose Tiefenperspektive versetzt, in einen Zustand beständiger Spaltung, der für denjenigen, der sich dem Zugriff eines tödlichen Friedens verweigert, von der Forderung aufrecht erhalten wird, sich von aller Wesentlichkeit zu lösen. Indem das Spektakel jede Lebensäußerung seiner unermüdlichen Benennungsarbeit und also einer ruhelosen Selbstbezüglichkeit aussetzt, entreißt es die Welt ohne Unterlaß ihrer Unmittelbarkeit. Es produziert und reproduziert mit anderen Worten den Bloom: das *Gesindel*, das sich als *Gesindel* erkennt, ist schon kein *Gesindel* mehr, es ist ein Bloom, der *Gesindel spielt*.
Viele Dinge, die wir mit uralten Namen benennen, haben so seit langem aufgehört zu existieren. Wir brauchen keine neuen Wortschöpfungen, um die alten Wendungen zu ersetzen: es

Der Mensch ist das Unzerstörbare, das zerstört werden kann.
Blanchot

Das Unzerstörbare ist eines; jeder einzelne Mensch ist es und gleichzeitig ist es allen gemeinsam, daher die beispiellos untrennbare Verbindung der Menschen.
Kafka

Diese Nacht der Welt, diß leere Nichts, die alles in ihrer Einfachheit enthält … eine Nacht, die furchtbar wird …
Hegel

reicht, überall »Bloom« an ihre Stelle zu setzen. Jene angeblich wesentliche Entität zum Beispiel, die man die Familie nannte, gibt es nicht mehr; es gibt nicht einmal mehr Väter, Mütter, Brüder oder Schwestern; es gibt nur noch Blooms, die Familie, Vater, Mutter, Bruder oder Schwester spielen. Ebensowenig wird man in der heutigen Zeit Philosophen, Schriftsteller oder Künstler finden: es gibt in diesen Darstellerrollen nur noch Blooms, die kulturelle Waren herstellen und die entsprechenden Posen einnehmen, die ihrer Stellung gebühren. Die Höhe aber ist, daß selbst die Bauern sich inzwischen dazu durchgerungen haben, die Bauern nur noch zu spielen. Das scheint, offenbar, lohnenswerter zu sein.

Unter der gegenwärtigen Herrschaft der *Dinge* ist es uns untersagt, uns dauerhaft mit irgendeinem besonderen Inhalt zu identifizieren; wir tun dies stattdessen ausschließlich mit der *Bewegung, die uns aus einem jeden solchen herausreißt*.

sua cuique persona

Die Frage nach der Gewißheit darüber, was in der gegenwärtigen Wirklichkeit Maske ist und was nicht, ist gegenstandslos. Es ist ganz einfach grotesk zu behaupten, sich diesseits des Spektakels und diesseits eines Verhüllungsmodus einrichten zu können, in dem jedes Ding sich auf eine Weise äußert, die seinen Schein selbständig werden läßt, das heißt als eine *Maske*. Die Verkleidung ist *in ihrer Qualität als Verkleidung* die Wahrheit des Bloom, das heißt, *es gibt nichts dahinter*, oder vielmehr – und das eröffnet Horizonte ganz anderer Ungeniertheit – weilt dahinter *das Nichts*, das eine Kraft ist.

Daß die Maske die allgemeine Erscheinungsform in einer universellen Komödie darstellt, der entkommen zu können nur die allergrößten Heuchler noch glauben, bedeutet nicht, daß es

keine Wahrheit mehr gäbe, sondern daß diese zu etwas Feinerem und Intensiverem geworden ist.
Die Gestalt des Bloom findet ihren höchsten und gleichzeitig verachtenswertesten Ausdruck in der »Sprache des Schmeichelns«, und diese Zweideutigkeit gibt weder zum Stöhnen noch zur Freude Anlaß, sondern lediglich zum Zuschlagen.

»Allein hier sieht es die Gewißheit seiner, als solche das Wesenloseste, [und] die reine Persönlichkeit, absolute Unpersönlichkeit zu sein. Der Geist seines Danks ist daher das Gefühl wie dieser tiefsten Verworfenheit so auch der tiefsten Empörung. Indem das reine Ich selbst sich außer sich und zerrissen anschaut, ist in dieser Zerrissenheit zugleich alles, was Kontinuität und Allgemeinheit hat, was Gesetz, gut und recht heißt, auseinander und zugrunde gegangen.«
(Hegel, Phänomenologie des Geistes)

Die Herrschaft der Verkleidung geht immer um ein Weniges der Vollendung einer Herrschaftsperiode voraus. Man hätte unrecht, die Maske der Seite der Beherrschung zuzuschlagen, denn diese war sich zu allen Zeiten der durch den nächtlichen, wilden und unpersönlichen Anteil *in Gang gesetzten* Bedrohung bewußt, die das Auftauchen der Maske mit sich bringt. Was *schlecht* ist am Spektakel, ist eher, daß die Gesichter so versteinert sind, daß sie selbst den Masken ähneln, und daß die ursprünglich innerste Instanz sich zum *Meister der Metamorphosen* aufgeschwungen hat.

Die Lebenden sind die, die es verstehen, sich von den Worten jenes Besessenen durchdringen zu lassen, der zitternd ausrief: *»Glücklich ist derjenige, der aus Ekel vor den leeren und satten Gesichtern der anderen beschließt, sich selbst hinter einer Maske zu verbergen: Als einer der ersten wird er hier, im Angesicht der wie das Wasser im Sturzbach verrinnenden Zeit, die stürmische Trunkenheit des Totentanzes wiederfinden.«*

»Jene Entfremdung ihrer selbst ist ebenso sehr ihre positive Realität«
Hegel

In der Gestalt des Bloom erreicht die Entfremdung des Gemeinschaftlichen die höchste Wirksamkeit ihrer Geschichte. Es ist kaum vorstellbar, bis zu welchem Grad das Dasein des Menschen als ein Einzelwesen und sein Dasein als ein gesellschaftliches Wesen sich *nach Außen hin* haben voneinander entfremden müssen, damit es möglich ist, von »gesellschaftlichem Band« zu sprechen, das heißt sein In-Gemeinschaft-Sein als etwas Objektives, ihm Äußerliches und Entgegenstehendes zu begreifen.

Eine regelrechte Frontlinie, die auch seine schizoide Neutralität herstellt, geht mitten durch den Bloom. Die Militarisierung des Desasters ist als die letzte ihm unterbreitete Aufforderung zu verstehen, sich sein Lager auszusuchen: Er wird unter allen Umständen *jede* gesellschaftliche Rolle und *jede* Knechtschaft auf sich nehmen oder Hungers sterben müssen.
Wir haben es hier mit einer Art von Notstandsmaßnahme zu tun, die für gewöhnlich Regierungsformen am Rande des Zusammenbruchs kennzeichnet und die es lediglich erlaubt, den Bloom zu verbergen, nicht aber, sich seiner zu entledigen. Aber bislang ist das ausreichend. Entscheidend ist, daß das Auge des Spektakels, das die Welt von außen betrachtet, versichern kann, MAN habe so etwas diesseits des Rheins noch nie gesehen – »Was sagen Sie? Ein was? Ein Bloom???« - und daß es sich lediglich um das Hirngespinst eines obendrein kritischen Metaphysikers handle. Es kommt nur darauf an, daß die Mißgelauntheit auf ihrem guten Gewissen beharren und uns ihre amtlich geprüften Unwahrscheinlichkeiten entgegenhalten kann. Wie könnte im übrigen auch jener, den MAN per definitionem jeder Erscheinungsweise entkleidet hat, *als solcher* im Spektakel erscheinen?

Es liegt im Schicksal des Bloom, nur in dem Maße *sichtbar* zu sein, wie er an der schlechten Substanz teilhat, in dem Maße also, in dem er sich als Bloom verleugnet.

Die ganze Radikalität der Figur des Bloom verdichtet sich in der Tatsache, daß die Alternative, vor die er sich unaufhörlich gestellt sieht, einerseits das Beste und andererseits das Schlimmste bereitstellt, ohne daß aber der Übergangsbereich zwischen dem einen und dem anderen ihm zugänglich wäre. Er ist der neutrale Kern, der die Analogiebeziehung zwischen dem höchsten und dem tiefsten Punkt ins Licht rückt. Sein Mangel an Interesse disponiert ihn in bemerkenswerter Weise für eine Öffnung hin zur *Agape*, oder er läßt den Wunsch in ihm entstehen, nur noch zu *funktionieren*, den Wunsch danach, nur wie ein Rädchen, etwa in einem technokratischen Vernichtungsunternehmen, zu funktionieren. Auf die gleiche Weise kann das Fehlen von Persönlichkeit die Überwindung der herkömmlichen versteinerten Persönlichkeit vorformulieren, oder auch die unübertreffliche Folgenlosigkeit des großstädtischen *Szenegängers*.

Es gibt das »*me ne frego*« des Faschismus, und es gibt das »*me ne frego*« des Aufsässigen. Es gibt die Banalität des Bösen, und es gibt *die Banalität des Guten*. Aber unter den Voraussetzungen der Beherrschung äußert sich die Banalität des Bloom immer als eine Banalität des Bösen. So war der Bloom im 20. Jahrhundert eher Eichmann als Elser;[1] Eichmann, von dem Hannah Arendt uns berichtet, daß »jeder sehen [konnte], daß dieser Mann kein ›Ungeheuer‹ war«, während »es in der Tat schwierig [war], sich des Verdachts zu erwehren, daß man es mit einem Hanswurst zu tun hatte«. Nebenbei bemerkt gibt es *keinerlei* Wesensunterschied zwischen Eichmann, der sich *restlos* mit seiner kriminellen Funktion identifiziert, und dem *Szenegänger*, der, da er weder mit seiner grundlegenden Nichtzugehörigkeit zu dieser Welt, noch mit den Folgen der Exilsituation zurechtkommt, sich hemmungslos dem Konsum jener *Zeichen* der Zugehörigkeit verschreibt, die diese Gesellschaft so teuer verkauft. In allgemeinerer Hinsicht aber gedeiht die Banalität des Bösen überall da, wo MAN von »Wirtschaft« spricht. Und auch unter der Lehnstreue, die die Menschen der »Notwendigkeit« geschworen haben, kommt sie zum Vorschein, vom »Was sein muß, muß sein« über das »Es gibt keinen schlechten Beruf« bis zum »So ist das halt«.

An dieser Stelle, wenn alle Abhängigkeiten durch die eine des Überlebens ersetzt worden sind, beginnt das äußerste Unglück. Die Abhängigkeit zeigt sich in ihrer wahren Gestalt. Ohne jeden Bezug außer dem zu sich selbst. Hölle.

Der innere Mensch

Die reine Äußerlichkeit der Seinsbedingungen läßt auch die Illusion der reinen Innerlichkeit entstehen.
Der Bloom ist jenes Sein, das die Leere seiner Umgebung in sich hineingenommen hat.
Von jedem eigenen Ort verjagt, ist er sich *selbst* zum Ort geworden.
Aus der Welt verbannt, hat er sich zur Welt *gemacht*.
Nicht von ungefähr haben Paulus, die Gnostiker und später die christlichen Mystiker unterschieden zwischen dem inneren Menschen und dem äußeren Menschen, denn mit dem Bloom hat diese Trennung sich *geschichtlich* erfüllt.
Die Randständigkeit jener, die wie der innere Mensch Rusbrocks sich »dem Inneren zugeneigter als dem Äußeren« fühlen und die »überall, und inmitten von Jedermann, in den Tiefen der Einsamkeit, im Schutz vor den Orten, im Schutz vor den Menschen« leben, ist seither zur allen *gemeinsamen* Voraussetzung geworden.

Selten sind jedoch die, die sie *positiv* erfahren haben, und die die Kraft gehabt haben, sie zu *wollen*. Pessoa:
»Um erschaffen zu können, habe ich mich zerstört; so sehr habe ich mich in mir selbst veräußerlicht, daß ich in mir nicht anders als äußerlich existiere. Ich bin die lebendige Bühne, auf der verschiedene Schauspieler auftreten, die verschiedene Stücke aufführen.«
Wenn der Bloom diesem inneren Menschen benachbart ist, so bislang zumeist nur auf negative Weise. Der wesenlose Wohnraum seiner Persönlichkeit birgt gerade nur das Gefühl, von einem endlosen Fall in einen darunterliegenden dunklen und engen Raum mitgerissen zu werden, als ob er ohne Unterlaß sich in sich selbst hineinstürzte und dabei zerbröckelte. Tropfen für Tropfen tritt in regelmäßigen Perlen das Sein aus ihm heraus, zieht Fäden und läuft aus. Seine Innerlichkeit ist immer weniger ein Raum oder eine Substanz, und immer mehr eine *Schwelle* und deren Überschreitung.
Daher auch ist der Bloom im Grunde ein freier *Geist*, denn er ist ein leerer Geist.

»Wer auf diese Weise aus sich selbst herausgefahren ist, wird recht eigentlich sich selbst zurückgegeben werden.«
Meister Eckhart

Das ekstatische »Wesen« des Bloom drückt sich wie folgt aus:

IN ALLEM, WAS ER IST,
IST DER BLOOM *AUßER SICH.*

Unter der Vorherrschaft der Biomacht und der autonomen Werbung – der Tyrannei des MAN – äußert sich die ekstatische Struktur des menschlichen Daseins in Form eines allgemeinen schizoiden Zustandes. Ein jeder unterscheidet seither zwischen

seinem »wahren Ich«, dem reinen, jeder objektivierbaren Äußerung entzogenen Ich, und dem System seines »falschen«, des gesellschaftlichen, gespielten, erzwungenen, unechten »Ich«.
In allem, was ihn bestimmt – in seinem Körper, in seinen »Eigenschaften«, in seinen Gesten, in seiner Sprache – spürt der Bloom ganz genau, daß er aus sich *herausgegangen ist*. Und er *betrachtet* diesen Auszug. Und in seiner Betrachtung *ist* er das Herumirren zwischen diesen Zuweisungen.
Sein Werden ist ein Fremd-Werden.

Léon Bloy hatte seinerzeit den Kapitalisten in die Nähe des Mystikers gerückt. *Das Blut der Armen* widmet mehrere Seiten einer recht freien Interpretation des »Fetischcharakters der Ware«:
»Dieses Geld (...), das doch nur das sichtbare Abbild des Blutes Christi ist, das in allen seinen Gliedern fließt. Weit entfernt, es zu lieben um der materiellen Freuden willen, die er ausschlägt, betet er es an ›im Geiste und in der Wahrheit‹, so wie die Heiligen Gott anbeten, der ihnen die Buße zur Pflicht und das Martyrium zur Verherrlichung gemacht hat. Er betet es an für die, welche es nicht anbeten; er leidet für die, welche nicht um des Geldes willen leiden wollen. Die Geizhälse sind Mystiker. Alles, was sie tun, hat die Absicht, einem unsichtbaren Gott zu gefallen, dessen sichtbares Götzenbild, nach dem sie so eifrig suchen, sie mit Qual und Schande überhäuft.«
Wenn dem Kapitalisten durch seine Aktivität etwas vom Mystiker eignet, so dem Bloom durch seine *Passivität*. Und in der Tat ähnelt nichts so sehr der existentiellen Situation des Bloom wie die *Gelöstheit* der Mystiker. Sein verdinglichtes Bewußtsein macht ihn deutlich anfällig für einen Hang zur Kontemplation, während seine Gleichgültigkeit jener »gerechten Gelöstheit [entspricht], die nichts anderes ist als die Tatsache, daß der Geist angesichts aller Wechselfälle der Liebe und des Leidens, des Ehrgefühls, der Scham und der Anmaßung reglos bleibt«. Und dies bis zur Lähmung.

Schließlich läßt der Bloom an den Gott Meister Eckharts denken, einen Gott, der beschrieben wird als »der, der keinen Namen hat, der die Verneinung aller Namen ist und niemals einen Namen hatte«, wie das reine Nichts, für das alle Dinge Nichts sind.

In ihrer vollendeten Form deckt sich die Entfremdung des Bloom mit der ursprünglichen Entfremdung.

Laßt uns die Armut teilen, nicht das Elend!

Für Meister Eckhart ist der arme Mensch derjenige, der »nichts will und nichts weiß und nichts hat«.
Bis aufs Letzte enteignet, gestrauchelt, in stummer Entfremdung von der Welt, in Unwissenheit über sich selbst wie über seine Umgebung, verwirklicht der Bloom, inmitten des geschichtlichen Fortgangs und in dessen ganzer Fülle, die gesamte Spannbreite der im eigentlichen Sinne metaphysischen Vorstellung von *Armut*.
Freilich war hierzu die ganze träge Gemeinheit einer Epoche nötig, in der die Wirtschaft den Platz der Metaphysik eingenommen hat, um aus der Armut einen wirtschaftlichen Begriff zu machen (jetzt, da diese Epoche ihr Ende erreicht, wird erneut deutlich, daß das Gegenteil der Armut nicht der Reichtum, sondern das Elend ist, und daß von diesen dreien einzig die Armut die Qualität moralischer Vollendung besitzt. Die Armut benennt den Zustand dessen, *der alles nutzen kann*, ohne daß ihm etwas gehört, während das Elend der Zustand dessen ist, *der nichts nutzen kann*, weil er entweder zuviel hat oder weil ihm die *Zeit* fehlt oder auch, weil er ohne Gesellschaft ist.)

Auf diese Weise kann der Bloom, aus Nostalgie oder Heuchelei, zwar all das schätzen, was die Idee des Reichtums durch die

Geschichte hindurch an bürgerlicher Seelenruhe, *häuslicher* Fülle und familiärer Innerlichkeit mit sich führte, er kann es aber nicht erleben. Damit ist das Glück inzwischen eine recht veraltete Vorstellung, und zwar nicht nur in Europa. Im gleichen Atemzug wie die Teilhabe und jede Form von *Ethos* ist auch die Möglichkeit des *Nutzwertes* verschwunden. Der Bloom versteht nur die übernatürliche Sprache des Tauschwertes. Er betrachtet die Welt mit Augen, die nichts in ihr sehen, nichts als das Nichts an Werten. Selbst seine Begierden richten sich nur auf Abwesendes, auf Abstraktionen, deren eine nicht zuletzt der Arsch des Jungen-Mädchens[2] ist. Und selbst wenn der Bloom dem Anschein nach will, so hört er doch nicht auf nicht zu wollen, denn er will ins Leere, er will die Leere.
Daher ist der Reichtum in der Welt der autoritären Warenwirtschaft ein groteskes und unverständliches Ding geworden, eine von Elend wimmelnde Form.
Der Reichtum ist seither nichts anderes als das, was *Euch* besitzt und womit MAN Euch festhält.

Agape

Der Bloom ist ein Mensch, in dem alles vergesellschaftet worden ist, vergesellschaftet allerdings *in seiner Privatheit*. Nichts ist auf exquisitere Weise gewöhnlich als das, was er sein »individuelles Glück« zu nennen pflegt. Noch in seinem Bedürfnis nach Vereinzelung ist der Bloom mittelmäßig. In ihm ist jede wesentliche Unterscheidung von den Anderen *wirksam* aufgehoben worden. Was bleibt, ist lediglich eine reine Differenz ohne Inhalt. Und in der Welt autoritärer Warenwirtschaft läuft alles darauf hinaus, diese reine Differenz, die eine reine Trennung ist, aufrechtzuerhalten.
Daher hört zwar der Bloom noch auf einen Namen, aber dieser Name bedeutet nichts mehr.

Sehen Sie ihn sich an, diesen verfaulten Menschen mit der gelblichen Haut, den haben Sie gemacht, offenbar gleicht er jetzt am besten dem, was er nach Ihrer Vorstellung seinem Wesen nach ist: Abfall, Ausschuß, und das ist Ihnen wirklich gelungen. Aber wir werden Ihnen nun folgendes sagen, wovon Sie tot umfallen müßten, wenn der »Irrtum« töten könnte: Sie haben ihm erlaubt, zum vollendetsten Menschen zu werden, zum Menschen, der sich seiner Macht und der Möglichkeiten seines Gewissens, der Tragweite seiner Handlungen voll bewußt ist, zu einem Menschen, der stärker ist als die andern. […] Sie freuen sich an diesem Häuflein Abfall, das sich vor Ihren Augen noch aufrecht hält, aber der Betrogene, der völlig Geneppte sind Sie. Sie sehen nur die Furunkel, die Wunden, die grauen Schädel, die Lepra, und Sie glauben an nichts anderes als an die Lepra. Sie reiten sich immer tiefer hinein, jawohl!, wir hatten recht…

Alle Mißverständnisse in Hinsicht auf den Bloom entstehen durch die Tiefe des Blicks, mit dem man sich erlaubt ihn zu mustern. Eine besondere Auszeichnung für ihre Kurzsichtigkeit stünde ganz zurecht den *Soziologen* zu, die wie Castoriadis von einem »Rückzug ins Private« sprechen, ohne zu betonen, daß dieser Bereich selbst *vollständig vergesellschaftet* wurde. Am anderen Ende finden wir jene, die sich soweit haben gehen lassen, daß sie schließlich im Bloom aufgingen. Die Berichte, die sie von dort mit zurückbringen, stimmen auf die eine oder andere Weise alle mit der Erfahrung überein, die der Erzähler von *Herr Teste* macht, als er das »Heim« seiner Hauptperson entdeckt: »Nie hatte ich je stärker den Eindruck des Beliebigen. Es war irgendein beliebiges Logis, analog der beliebigen Unbekannten der Theoreme – und vielleicht ebenso nützlich. Mein Gastgeber lebte in dem allgemeinsten Interieur.« Der Bloom ist genau dieses Wesen, das »in dem allgemeinsten Interieur« sein Dasein fristet.

Nur an jenen Orten und unter jenen Umständen, in denen die Wirkung des Spektakels zeitweise aufgehoben ist, enthüllt sich die intime Wahrheit des Bloom, die darin besteht, daß er, im Grunde, in der *Agape* ist. Eine solche Aufhebung kommt auf beispielhafte Weise im Aufbegehren zustande, aber auch in dem Augenblick, wo wir uns in den Straßen der Großstadt einem Unbekannten zuwenden, und nicht zuletzt auch überall dort, wo die Menschen jenseits aller Besonderheiten sich in ihrer Qualität als Menschen, als unterschiedene, endliche und ausgesetzte Wesen erkennen. Nicht selten kommt es alsdann vor, daß völlig Unbekannte die uns allen gemeinsame Menschlichkeit plötzlich unter Beweis stellen, indem sie uns aus einer Gefahr erretten, indem sie uns ihr ganzes Päckchen Zigaretten schenken statt nur die eine, nach der wir gefragt hatten, oder indem sie eine Viertelstunde ihrer sonst so knauserig eingeteilten Zeit darauf verwenden, uns bis zu der von uns erfragten

...jawohl, alles Scheiße! Sie haben ein ruhiges Gewissen. »Wir hatten recht, man braucht sie ja nur anzusehen!« Sie sind getäuscht worden wie sonst niemand und zwar von uns, und wir werden Sie Ihren Irrtum ganz auskosten lassen. Lassen Sie sich nur nicht eines Besseren belehren, Sie können beruhigt sein, wir werden Sie bis ans Ende Ihrer Ungeheuerlichkeit gehen lassen. Wir werden uns von Ihnen bis in den Tod schleppen lassen und Sie werden dabei Ungeziefer sehen, das krepiert.

Wir warten so wenig auf die Befreiung der Körper wie auf ihre Auferstehung, um recht zu bekommen. Unsere Gründe triumphieren nämlich jetzt, da wir als Abfallhaufen leben. Gewiß, das sieht man nicht. Doch wir haben um so mehr recht, je weniger man es sieht, um so mehr recht, je geringer die Chancen sind, daß Sie auch nur das geringste davon merken. Und mit uns ist nicht nur das Recht und die Vernunft, sondern wir sind das Recht und die Vernunft, die von Ihnen zur Heimlichkeit verdammt sind. Und so können wir uns weniger denn je vor dem scheinbaren Triumph beugen. Merken Sie sich dies: Sie haben es dahin gebracht, daß sich Recht und Vernunft in Bewußtsein verwandeln. Sie haben die Einheit des Menschen wiederhergestellt. Sie haben das unerschütterliche Bewußtsein geschaffen. Sie können nicht mehr darauf hoffen, daß es Ihnen je gelingen wird, daß wir gleichzeitig an Ihrer Stelle und in unserer Haut sind und uns damit selbst verurteilen. Niemals wird irgend jemand hier sich selbst gegenüber sein eigener SS-Mann werden.

Robert Antelme, *Das Menschengeschlecht*

Adresse zu geleiten. Solche Vorkommnisse sind mit einer Erklärung in den herkömmlichen Begriffen der Ethnologie der Gabe und der Wieder-Gabe, die für eine gewisse Kneipengeselligkeit noch zutreffen mag, auch nicht ansatzweise mehr zu erfassen. Hier spielt die Hierarchie keinerlei Rolle. Und auch das Streben nach Anerkennung steht hier keineswegs in Frage. Nur eine Ethik des *unendlichen Gebens*, wie sie die christliche und insbesondere die franziskanische Tradition unter dem Namen der *Agape* kennen, vermag diese Vorkommnisse angemessen zu beschreiben.
Die *Agape* gehört zu der Seinsweise des in ihrer Spätzeit von der Gesellschaft der Warenwirtschaft *informierten* Menschen. Sie hat ihn in einer Weise zugerichtet, die ihn von sich selbst und von seinem Begehren äußerst wirksam entfremdet hat. Trotz aller gegenteiliger Anzeichen und so beunruhigend dies auch erscheinen mag, brütet diese Gesellschaft einen schwelenden Wundbrand von Wohltätigkeit aus.

»Seid anders, seid ihr selbst!«
(Werbung für Unterwäsche)

In vielerlei Hinsicht kann die Marktwirtschaft auf den Bloom nicht verzichten. Das unter der Vokabel »Konsum« bekannte Wirksamwerden der spektakulären Repräsentationen unterliegt vollständig den Bedingungen jenes mimetischen Wettstreits, zu dem die eigene innere Leere den Bloom drängt. Das tyrannische Urteil des MAN bliebe Gegenstand einer universellen Verhöhnung, wenn »sein« im Spektakel nicht »anders sein« bedeutete, oder doch wenigstens die Anstrengung, anders zu sein. Es ist also nicht so, wie der alte Simmel es bemerkte, daß »die Herausbildung der Persönlichkeit sich mittels eines gewissen Zuges an Unpersönlichkeit verwirklicht«, sondern vielmehr so, daß die Herausbildung der Unpersönlichkeit ohne eine gewisse *Arbeit* an der Persönlichkeit unmöglich wäre. Was sich natürlich

mit der dem Bloom unterstellten Originalität verstärkt, ist keineswegs dessen Einzigartigkeit, sondern das MAN selbst, oder anders gesagt: die schlechte Substanz. Jede Anerkennung *innerhalb* des Spektakels ist die Anerkennung *des* Spektakels.
Ohne den Bloom wäre also die Warenwirtschaft nicht mehr als ein rein formales und von jeder Zukunftsperspektive abgeschnittenes Prinzip.

I would prefer not to

Gleichzeitig ist unbestritten, daß der Bloom die Überreste der Marktwirtschaft in sich trägt. Man findet bei ihm jenen zwiespältigen Charakter, der all jene Realitäten auszeichnet, in denen sich ein *Hinaustreten der Marktwirtschaft über ihr eigenes Territorium hinaus* äußert.
Was in dieser Gespaltenheit als Erstes Ziel des Angriffs wird, sind nicht die Gebäude des Überbaus, sondern im Gegenteil seine seit langem verlassenen Grundfesten. Das Unsichtbare ist dem Sichtbaren vorgängig, und auf kaum wahrnehmbare Weise ändern sich die Grundlagen unserer Welt.
Der Bloom verkündet nicht die Auflösung jener Situation, deren Endstadium er verkörpert, er entleert sie nur jeden Sinns und reduziert sie auf den einfachen Zustand einer sich in Erwartung der Auflösung wiederholenden Form. In diesem Sinne gilt es hervorzuheben, daß die metaphysische Umwälzung, die den Namen des Bloom trägt, bereits hinter uns liegt, während ein Großteil ihrer Folgen noch zu erwarten steht.

Mit dem Bloom, dem es an jener selbstbezüglichen Gemütlichkeit mangelt, auf der das Privateigentum gründet, hat dieses seinen Inhalt verloren: was wäre noch *zueigen*? Oder gar eigentlich privat? Das Privateigentum besteht hier nurmehr auf empirische Weise fort, als eine tote Abstraktion, die über einer offensichtlich zunehmend ihr sich entziehenden Wirklichkeit schwebt.

Der Bloom ficht das Recht nicht an, sondern entledigt sich seiner. Wie anders sollte auch das Recht nicht endgültig verbraucht sein von diesem Wesen, das kein Subjekt ist, dessen Handlungen sich auf keinerlei Persönlichkeit zurückführen lassen, und dessen Verhalten weder den bürgerlichen Kategorien von Teilhabe und Motiviertheit noch der Leidenschaft oder einem Verantwortungsbewußtsein zuzurechnen ist?
Dem Bloom gegenüber verliert also das Recht seine Fähigkeit, Recht zu sprechen – was kann Gerechtigkeit einem so gleichgültigen Wesen schon bedeuten? – Und nur mit Mühe kann MAN sich aus diesem Zustand in eine strenge polizeiliche Gewaltherrschaft retten. Denn in der Welt des Immergleichen vermodert man im Gefängnis kaum nachhaltiger als im *Club Méditerranée*: Das Leben ist überall in gleicher Weise abwesend.
Daher ist es für die Herrschaft so wichtig, daß die Gefängnisse auf lange Sicht zu Orten der dauernden Folter werden.

Vor allem aber hat der Bloom aus der Wirtschaft, und davon ausgehend aus jeder Vorstellung von Nutzen, Kredit und Rationalität, eine überkommene Angelegenheit gemacht. Hier und nirgendwo sonst liegt der Grund für die geplante Rückkehr des **Lumpenproletariats* in die Öffentlichkeit aller vom Spätkapitalismus geprägten Länder: die plötzlich auftretende furchterregende Bedrohung durch den Hunger scheint die letzte Möglichkeit, den Bloom daran zu hindern, sich der ihm eigenen Gelöstheit hinzugeben. Denn aus wirtschaftlicher Sicht ist dieser »unpraktische Mann« (Musil) ein auf verhängnisvolle Weise ungeschickter Produzent und ein völlig unverantwortlicher Verbraucher. Selbst seinem Egoismus droht der Verfall: er ist ein *Egoismus ohne Ego*.

»Ich bin an ihnen als Fremdling vorbeigegangen, doch hat niemand bemerkt, daß ich ein solcher bin. Ich habe unter ihnen als Spion gelebt, und niemand, nicht einmal ich selbst, hat den Verdacht gehegt, daß ich einer wäre. Alle haben mich für einen Verwandten gehalten: niemand ahnte, daß man mich bei der Geburt vertauscht hatte. So war ich den anderen gleich, ohne ihnen ähnlich zu sein, ein Bruder von ihnen allen, ohne doch zur Familie zu gehören.

Ich kam aus wunderbaren Ländern, aus Landschaften schöner als das Leben, aber von den Ländern habe ich nie geredet außer mit mir selber, und von den erträumten Landschaften habe ich ihnen nie Kunde gegeben. Meine Schritte hallten wie die ihrigen auf den Fußböden und Fliesen, doch mein Herz war fern, auch wenn es nahe schlug, falscher Herr über einen verbannten und fremden Körper…

Wenn der Bloom zielstrebig die Fundamente herkömmlicher Politik verwüsten konnte, so einerseits aufgrund eines Mangels: im Rahmen des Universellen hat man sich die Herstellung von Gleichberechtigung so vorzustellen wie etwa in einer Senatswahl unter Ratten – jede Ratte ist zu gleichem Teil und unverkennbar ein Vertreter ihrer Art, *primus inter pares* –, andererseits aber auch aufgrund eines Überschusses, denn der Bloom verwandelt sich spontan in jenes Undarstellbare, das er selbst ist.

Was schließlich soll man von dem Ärger halten, den dieser undankbare Sohn dem Spektakel bereitet, er, durch den hindurch in einem beständigen Raunen alle Personen und alle Rollen dahingleiten? Dies Raunen hat den Wortlaut: *I would prefer not to*.

Tiqqun

»Die Wachenden haben eine gemeinsame Welt, doch im Schlummer wendet sich jeder von dieser ab an seine eigene.«
Heraklit

Der *Tiqqun* geht den Dingen auf den Grund. Er durchquert gerade noch das Fegefeuer. Er erledigt seinen Auftrag mit System. Der *Tiqqun* ist die einzige der Revolution angemessene Vorstellung. Nicht jener, die es zu erwarten *gilt*, und weniger noch jener, die man vorbereiten *kann*: sondern jener, die sich entlang ihres unmerklichen Bebens in einer der Geschichte innewohnenden Zeitlichkeit *vollendet*. Der *Tiqqun* ist kein nach Ablauf einer mehr oder weniger kurzen Frist genau zu bezeichnender Punkt in der Zukunft, wenngleich er auch dies ist, sondern eher die »reale Bewegung, die den Zustand der seienden Dinge aufhebt«.

…Niemand erkannte mich unter der Maske der gleichen gesellschaftlichen Stellung, niemand erfuhr je, daß es sich um eine Maske handelte, denn niemand wußte, daß neben mir immer ein anderer stünde, der letztlich ich selber war. Sie hielten mich stets für identisch mit mir.«

Bernardo Soares, *Das Buch der Unruhe*

Der *Tiqqun ist immer schon da*, das heißt, er ist nur der *Vorgang der Äußerung dessen, was ist*, der gleichzeitig die *Aufhebung* dessen, was nicht ist, mit einschließt.
Die zerbrechliche Positivität dieser Welt erklärt sich gerade daraus, daß sie nichts ist, nichts als die *Aufhebung* durch den *Tiqqun*. Diese epochale Aufhebung ist von nun an überall spürbar. Sie ist sogar das Einzige, was noch wahrhaft spürbar ist.
Der Bloom ist Teil des *Tiqqun*. Gerade weil er unter den Menschen der Vertreter eines vollendeten Nihilismus ist, besteht seine Bestimmung darin, einen Ausweg aus dem Nihilismus zu eröffnen oder aber unterzugehen. Bei Marx weist die Konzeption des Proletariats intuitiv in diese Richtung, verläßt aber ihre Flugbahn kurz vor dem Ziel. So liest man in der *Deutschen Ideologie*: »*Auf der anderen Seite steht diesen Produktivkräften die Majorität der Individuen gegenüber, von denen diese Kräfte losgerissen sind und die daher alles Lebensinhalts beraubt, abstrakte Individuen geworden sind, die aber dadurch erst in den Stand gesetzt werden, als Individuen miteinander in Verbindung zu treten.*«
Aber gerade insofern er *kein* Individuum ist, gelingt es dem Bloom, Beziehungen zu seinesgleichen zu knüpfen. Das Individuum trägt in seiner engstirnigen Selbstgenügsamkeit die Unterdrückung *der* Kommunikation oder die Notwendigkeit ihrer Künstlichkeit wie eine Art Atavismus in sich. Die Fiktion vom Individuum wurde gerade gegen die ekstatische Gestalt des Menschen, und namentlich des Bloom – dieses Ich, das ein MAN, und dieses MAN, das ein Ich ist – erfunden.

Was der Bloom erlebt, ist nicht eine besondere Endlichkeit oder eine bestimmte Isoliertheit, sondern das Wesen selbst *der* Endlichkeit und *der* Isoliertheit, ihre allen Menschen gemeinsame Ontologie. Desgleichen ist der Bloom nur *scheinbar* einsam, denn nicht er allein ist allein, sondern die Einsamkeit ist allen Menschen *gemeinsam*. Er lebt wie ein Fremder im eigenen Land, wie nicht vorhanden und am Rande des Ganzen, aber

alle Blooms bewohnen *gemeinsam* das Vaterland des Exils. Und alle Blooms gehören ohne Unterschied in ein und dieselbe Welt, die das Vergessen der Welt ist. Auf diese Weise wird also das Gemeinschaftliche verfremdet, jedoch nur *scheinbar*, denn es wird auch *in seiner Qualität als Gemeinschaftliches* verfremdet – die Verfremdung des Gemeinschaftlichen bezeichnet nur die Tatsache, daß den Menschen das, was ihnen gemeinsam ist, als etwas Besonderes, Eigenes, Privates *erscheint*.
Und dieses aus der Entfremdung vom Gemeinschaftlichen hervorgegangene und von dieser gestaltete Gemeinschaftliche ist nichts anderes als das wahrhafte und unter den Menschen einzigartige Gemeinschaftliche, ihre ursprüngliche Entfremdung: Endlichkeit, Einsamkeit, Geworfensein. Hier vermischt das Persönlichste sich mit dem Allgemeinsten, und das »Privateste« wird von allen geteilt.

»Der Mensch, welcher derart in so völliger Abgeschiedenheit steht, wird also in die Ewigkeit verzückt, daß ihn kein vergängliches Ding mehr bewegen kann. Nichts, was irdisch ist, mag ihm noch schmecken.«
Meister Eckhart

Wie MAN unschwer errät, zeichnet sich für die Vorherrschaft der Warenwirtschaft hier eine *unheilschwangere* Möglichkeit ab, die es um jeden Preis zu verhindern gilt: daß der Bloom *will*, was er ist, daß er sich seine Uneigentlichkeit wiederaneignet.
Diese »Gesellschaft«, das heißt die Summe der Situationen, die sie zuläßt, fürchtet nichts so sehr wie den Bloom, diesen »verfemten Menschen, der keine Geschäfte, keine Gefühle, keine Verpflichtungen, kein Eigentum und nicht einmal einen Namen besitzt.« (Netschajew) Sie muß bis in ihr jämmerlichstes Detail als ein furchtbares Dispositiv betrachtet werden, das einzig und

allein zu dem Zweck errichtet wurde, den Charakter des Bloom, der ein *leidender* Charakter ist, zu verewigen. Im Prinzip ist die Zerstreuung nichts anderes als die mit diesem Ziel verfolgte *Politik*: den Charakter des Bloom zu verewigen, beginnt damit, ihn von sich selbst abzulenken. Dem schließt sich stufenweise die Notwendigkeit an, jede Äußerung des allgemeinen Leidens zu beschränken, was eine immer uneingeschränktere Kontrolle des Scheins voraussetzt, sowie die allzu sichtbaren Spuren dieser Kontrolle zu überschminken, was die im Übermaß verbreitete Biomacht gern übernimmt. Denn bei dem Grad an Verwirrung, bei dem wir inzwischen angelangt sind, vermag, in ontogenetischem Maßstab, nurmehr der *Leib* die Nichtreduzierbarkeit des Menschen auf die Entfremdung zu übersetzen. Durch seine Krankheiten und Dysfunktionen, und nur durch sie, bleibt die Forderung nach Selbsterkenntnis für jeden unmittelbare Wirklichkeit. Diese »Gesellschaft« hätte dem Leiden des Bloom nicht einen so unbedingten Krieg erklärt, wenn dieses nicht durch sich selbst und in jeder Hinsicht auf so unerträgliche Weise das Reich der Positivität in Frage stellte, und wenn es dabei nicht auch um den fristlosen Widerruf jeder Illusion von Teilhabe an seiner blühenden Immanenz ginge.

Im Alltäglichen den Gebrauch von seit langem unwirksam gewordenen Vorstellungen und Kategorien aufrechtzuerhalten, in regelmäßigen Abständen kurzlebige, aber gut verdauliche Fassungen der abgestandensten Binsenweisheiten der bürgerlichen Moral zu verlangen, trotz ihrer doppelt offensichtlichen Falschheit und Verjährung auf der traurigen Illusion der »Moderne« zu bestehen: das sind nur einige Kapitel der mühseligen Arbeit, die die Aufrechterhaltung ihrer Isolation den Menschen abverlangt.

Das MAN entscheidet im Vorhinein darüber, was verständlich ist und was, als Unverständliches, verworfen werden muß. Der Bloom und seine Ekstase sind unverständlich; sie müssen verworfen werden. In der entfremdeten Werbung hat auch seine

Armut den Ruf, nicht gesellschaftsfähig zu sein – und es ist nur zu wahr, daß der Kapitalismus in seinem Einflußbereich alles dazu tun wird, die Armut mit dem Elend gleichzusetzen, da der Besitz einer Sache hier immer wesentlich *das Recht, die Anderen an seinem Gebrauch zu hindern*, ist. Damit der Bloom in *Schande* ob seiner Armut verharrt, ist MAN sogar dazu bereit, ihm in dieser Schande seine Subjektwerdung zuzugestehen. Im Arsenal der Modeschriftsteller wird der mißratene Angestellte auf diese Weise ein Mittel zur Identifikation, und zur Selbstvergewisserung finden: Ja, der verworfene Mensch ist in der Tat inzwischen zu einer ehrenwerten Lebensform avanciert. Andernfalls kann er sich dem Buddhismus zuwenden, diesem ekelerregenden und schäbigen Kitsch für depressive Gehaltsempfänger, der es schon als übertriebenen Ehrgeiz betrachtet, seinen staunenden und dummen Jüngern die gefahrenreiche Kunst zu lehren, im Schlamm ihrer eigenen Nichtigkeit zu wühlen. Aus dem Blickwinkel der Herrschaft ist es von allergrößter Wichtigkeit, daß wir uns nie in der Gestalt des Bloom erkennen, und daß wir uns selbst sowie uns untereinander als undurchsichtige und furchterregende Gegenstände erscheinen. Aufs Geratewohl unterstellt MAN dem Bloom Gedanken, Begierden und eine Subjektivität. MAN stattet ihn mit all dem aus, was nötig ist, damit er dieser stumme Mensch bleibt, in dessen Mund das Spektakel die Worte legt, die es von ihm hören möchte. MAN schreckt selbst davor nicht zurück, den Bloom gegen sich selbst, seine eigene Unpersönlichkeit gegen ihn zurückzuwenden, gerade indem MAN ihn, in Form von »der Gesellschaft«, »den Leuten« oder auch »dem Otto Normalverbraucher«, zur Person macht.
All das fällt zusammen in der immer ungeheuerlicheren Aufforderung durch die Gesellschaft, »man selbst zu sein«, das heißt der strikten Platzanweisung einer der von der autonomen Öffentlichkeit propagierten Identitäten Folge zu leisten. Parallel dazu verläuft der Vorgang von Subjektivierung und Desubjektivierung immer gewaltsamer und wird zunehmend millimeter-

genau kontrolliert. Und da diese Kontrolle nur innerhalb eines strengen Zeithaushalts, einer Gleichzeitigkeit, funktionieren kann, sieht der Bloom sich nunmehr regelmäßig dazu aufgefordert, auf dies oder jenes »stolz« zu sein, stolz, Schwuler oder Technofan, Araber, Schwarzer oder was auch immer zu sein. Egal, was passiert, der Bloom muß etwas sein, und zwar lieber irgendetwas als gar nichts.

Mene, tekel, upharsin

In seinen *Prismen* stellte Adorno folgende Überlegung an: »Die nur noch Für-anderes seienden Menschen, das absolute *zoon politikon,* wären zwar ihres Selbst entäußert, aber auch dem Bann der Selbsterhaltung entronnen, der die ›Brave New World‹ wie die alte zusammenhält. Reine Fungibilität zersetzte den Kern von Herrschaft und verspräche die Freiheit.«
Inzwischen hatte das Spektakel die Gelegenheit, diese Spekulation auf ihre Richtigkeit hin zu überprüfen, wobei es sich mit dem Nachdruck des bereits Siegreichen dafür einsetzte, ihr ungehöriges Freiheitsversprechen zu enttäuschen. Natürlich konnte dies nicht ohne eine Verschärfung der Lage abgehen, so daß die Welt der Warenwirtschaft in der Ausübung ihrer Diktatur immer unerbittlicher werden mußte. Von der »Krise« zum »Aufschwung« und vom »Aufschwung« zum nächsten Tiefpunkt: seit 1914 ist das Leben im Spektakel unaufhörlich immer beengender geworden. Bis hinein in den angeblich volkstümlichen Überschwang hat sich seither ein Anflug von Schrecken in die Blicke aller Menschen eingeschlichen. In der weltweiten Devise von der »Transparenz« wird die an der Undurchsichtigkeit des Blooms sich entzündende permanente Kriegsstimmung deutlich, sowie auch die daraus abgeleitete Verfassung eines Daseins *auf Bewährung*.
Man kann beobachten, wie als eine erste Reaktion auf diese Lage sich unter den Blooms der Haß auf die *Dinge* verbreitet,

während gleichzeitig ein Gefallen an der Anonymität und ein gewisses Mißtrauen gegenüber der Sichtbarkeit sich breitmachen. Eine zurückgehaltene metaphysische Feindseligkeit dem Seienden gegenüber droht jeden Augenblick überall hervorzubrechen.

Dieser Instabilität liegt eine Unordnung zugrunde, die von der ungenutzten Kraft und von einer Negativität kommt, die nicht ewig unverwandt weiterbestehen kann, und die denjenigen, den sie heimsucht, *körperlich* zu zerstören droht. Zumeist bleibt diese Negativität stumm, wenngleich ihre Unterdrückung sich in der Regel in einer alle zwischenmenschlichen Beziehungen prägenden hysterischen Förmlichkeit äußert. Hier jedoch erreichen wir bereits jenen prekären Bereich, in den das Verdrängte mit voller Wucht zurückkehrt. Eine immer größere Kriminalitätsrate und die steigende Zahl der aus »Gewalttaten« und Zerstörungen »ohne erkennbaren Anlaß« bestehenden *befremdlichen Taten*, sammelt sich im täglichen Einerlei der biopolitischen Demokratien an – »Gewalt« nennt das Spektakel im allgemeinen all jenes, was es mit Gegengewalt zu beantworten gedenkt und gegen das es seine ganze Willkür entfalten möchte; diese Kategorie erhält ihre Bedeutung erst im Wirkungskreis der ungehemmten Marktwirtschaft, die selbst ohne Eigenwert ist, und daher in jedem Fall das Mittel zum Zweck heiligt, also hier die Handlung selbst auf Kosten der ihr innewohnenden Bedeutung.

Unfähig, sie zu verhindern oder gar sie zu verstehen, zeigt die Herrschaft der Ware sich entschlossen, dergleichen Anschläge auf die gesellschaftliche Verhaltenskontrolle nicht durchgehen zu lassen. Folglich gibt sie die üblichen starken Sprüche über Videoüberwachung und »zero tolerance«, über die Niederschlagung von »Krawallen« und das »Gefühl der Unsicherheit« von sich; als ob der Überwacher nicht seinerseits überwacht werden müßte, und als ob dem Bloom das »Gefühl der Unsicherheit« nicht ohnehin *seinsmäßig* zufiele!

Wenn ein in der Bürokratie irgendeiner Gewerkschaft japanischer Lehrkräfte hochstehender sozialistischer Scherge sich über die kleinen Blooms beugt, ruft er beunruhigt aus: *»Die Vorkommnisse sind umso beunruhigender, als die Urheber dieser Gewalttaten oft ›Kinder ohne die entsprechende Vergangenheit‹ sind. Bislang hatte man es mit Problemkindern zu tun. Heute sind die meisten von ihnen nicht aufsässig, sondern neigen dazu, die Schule zu schwänzen. Wenn man sie dann zurechtweist, ist die Reaktion völlig unangemessen: sie gehen in die Luft.«* (*Le Monde*, Donnerstag, den 16. April 1998) Eine höllische Dialektik ist hier am Werk, deren Logik zufolge ein solches »In-die-Luft-gehen« in dem Maße immer häufiger, und auf immer willkürlichere und ungezügeltere Weise auftritt, wie die zu ihrer Vorbeugung notwendige massive und systematische Kontrolle sich zuspitzt. Das ist ein kaum zu bestreitender Erfahrungswert: Bei einem Übermaß der Eindämmungsversuche kann das Auflodern der Gewalt sich nur häufen.
Die Herrschaft, die es, mit der Annahme, der Handel mache die Menschen sanft, vorhersehbar und ungefährlich, vor einigen Jahrhunderten noch für gut befunden hatte, die Wirtschaft als *Moral* verbindlich zu machen, sieht nun mit dem Bloom ihr Vorhaben sich ins Gegenteil verkehren: Im Ernstfall erweist sich der vollendete *»homo oeconomicus«* gleichzeitig als einer, der die Wirtschaft alt aussehen läßt; und der sie in dem Maße alt aussehen läßt, wie das, was ihn jeder Substanz beraubt hat, ihn *vollständig unberechenbar* gemacht hat.
Der Mensch ohne Inhalt hat letztlich die allergrößten Schwierigkeiten sich zurückzuhalten.

Der uneingestandene Feind

Warum jeder Bloom, in seiner Eigenschaft als Bloom, ein Agent der Imaginären Partei ist.

Diesem unbekannten Feind gegenüber – in dem Sinne, in dem man vom Unbekannten Soldaten spricht, das heißt von einem bei allen als unbekannt bekannten, im Ungefähren vereinzelten Soldaten – der weder Name, noch Gesicht, noch einen kohärenten Bildungsroman hat, und der nichts Bekanntem ähnlich sieht, sondern überall seine Tarnung im Reich der Möglichkeiten sucht, kippt die Beunruhigung der Herrschaft immer deutlicher in Paranoia um. Für den distanzierten Beobachter ist im übrigen die von ihr seither angenommene Gewohnheit, nach Gutdünken die eigenen Reihen zu dezimieren, ein eher komisches Schauspiel.

Es gibt etwas *objektiv Furchteinflößendes* an diesem tristen Vierzigjährigen, der bis zum Augenblick des Blutvergießens der allernormalste, gewöhnlichste und nichtssagendste Durchschnittsmensch gewesen ist. Nie hat man ihn seinen Haß auf die Familie, die Arbeit oder seinen spießigen Vorort äußern hören, bis zu jenem frühen Morgen, an dem er aufsteht, sich wäscht, sein Frühstück zu sich nimmt, während seine Frau, seine Tochter und sein Sohn noch schlafen, sein Jagdgewehr durchlädt und allen dreien diskret das Hirn wegbläst. Den Richtern gegenüber, und auch unter der Folter, wird der Bloom über das Motiv seines Verbrechens schweigen. Teilweise, weil die Souveränität ohne Begründung ist, aber auch, weil er spürt, daß es letztlich die schlimmste Grausamkeit ist, die er dieser »Gesellschaft« zufügen kann, wenn er es unerklärt läßt.

Auf diese Weise ist es dem Bloom gelungen, in allen Köpfen die vergiftende Gewißheit zu verbreiten, daß in jedem Menschen ein Feind der Zivilisation schlummert. Allem Anschein nach hat er das alleinige Ziel, diese Welt zu verwüsten, und wenngleich dies tatsächlich seine Bestimmung ist, wird er das niemals sagen. Denn seine Strategie besteht in der Herstellung der Verwüstung und des *Schweigens* um sich herum.

»Denn Verbrechen und Wahnsinn sind Objektivationen der transzendentalen Heimatlosigkeit«
Lukàcs, *Die Theorie des Romans*

Je enger die trostlosen Formationen, mit denen man vorgibt, uns in Schach zu halten, ihre Tyrannei schnüren, desto mehr beanspruchen äußerst merkwürdige Vorkommnisse unsere Aufmerksamkeit.
Der Amok fühlt sich, in unerwarteter Gestalt und mit einem neuen Sinn versehen, inmitten der fortschrittlichsten Gesellschaften zu Hause.
In den von der autonomen Öffentlichkeit verwalteten Territorien gehören solche Phänomene des Verfalls zu den wenigen Dingen, die den wahren Zustand der Welt, *den reinen Skandal der Dinge*, unverhüllt zu Gesicht bringen.
Mit der gleichen Geste enthüllen sie das von der Herrschaft der Trägheit vorgezeichnete Kräftefeld und geben den Maßstab des Möglichen, das wir bewohnen, vor. Und aus eben diesem Grunde sind sie uns noch in ihrer Abgelegenheit so vertraut.
Die Blutspuren, die er hinter sich herzieht, kennzeichnen die letzten Schritte eines Mannes, der den Fehler gemacht hat, dem grauen Schrecken, in dem er unter Aufwand so hoher Kosten inhaftiert war, *allein* entkommen zu wollen. An unserer Bereitschaft, dies zu begreifen, bemißt sich, was an Leben noch in uns verbleibt.
Die Lebenden sind diejenigen, die *für sich selbst* verstehen, daß in dem Moment, wo die Angst und die Unterjochung im Bloom ihre letztgültige Gestalt einer *unbedingten*, weil gegenstandslosen Angst und Unterjochung annehmen, die Überwindung *dieser* Angst und *dieser* Unterjochung die ebenfalls unbedingte

Überwindung *jeder* Angst und *jeder* Unterjochung erforderlich macht. Wer ohne Unterschied alle Dinge fürchtete, kann, hat er diesen Punkt überschritten, vor *nichts mehr* Angst haben. Jenseits der abgelegensten Landstriche gibt es einen hellen und friedlichen Bereich, in dem der Mensch jede Fähigkeit verloren hat, auch nur das geringste *Interesse* für sein *eigenes* Leben, auch nur einen Rest von Heimatverbundenheit zu verspüren.
Jede gegenwärtige oder künftige Freiheit, die auf die eine oder andere Weise dieser Gelöstheit und dieser Seelenruhe verlustig ginge, könnte kaum mehr kundtun als die Prinzipien einer lediglich *moderneren* Knechtschaft.

Die vom Nichts Besessenen

»I'm sorry. Like Shakespeare says,
Good wombs hath borne bad sons.«
Eric Harris, Littleton, 20. April 1999

Unter diesem alles zermalmenden Gewicht sind kaum Auswege zu erkennen.
Wir strecken den Arm aus, jedoch er trifft auf nichts. MAN hat die Welt unserem Zugriff entzogen, MAN hat sie außerhalb unserer Reichweite plaziert. Nur wenigen Blooms gelingt es, diesem maßlosen Druck standzuhalten.
Die Allgegenwart der marktwirtschaftlichen Besatzungstruppen und die strenge Befolgung des von ihnen kontrollierten Notstands verurteilen jegliches freiheitliche Vorhaben zu kurzer Dauer. Außerdem neigt überall da, wo die Ordnung mit Nachdruck gefestigt zu sein scheint, das Schlechte dazu, sich als Krankheit, Leiden oder erzwungene Gefolgschaft gegen sich selbst zu wenden. Es gibt jedoch jene unschätzbaren Fälle, in denen einige Wesen unabhängig voneinander den vergeblichen und planlosen Versuch unternehmen, in den geregelten Lauf des Verhängnisses einzubrechen.

Der Bloom in ihnen macht sich gewaltsam frei von der Geduld, in der MAN ihn bis an sein Lebensende schmachvoll verharren sehen möchte. Und weil der einzige Instinkt, den die lärmende Gegenwart des Nichts in ihm heranzuziehen vermag, der der Zerstörung ist, nimmt das Gefallen am Ganz Anderen das Aussehen des Verbrechens an und bewährt sich in der leidenschaftlichen Gleichgültigkeit, die sein Urheber ihm gegenüber aufrechtzuerhalten vermag.
In der spektakulärsten Art und Weise äußert sich dies in der wachsenden Zahl von Blooms, die es, ob alt oder jung und mangels besserer Gelegenheit, nach dem überwältigenden Zauber der einfachsten surrealistischen Tat gelüstet (erinnern wir uns: »Die einfachste surrealistische Handlung besteht darin, mit Revolvern in den Fäusten auf die Straße zu gehen und blindlings so viel wie möglich in die Menge zu schießen. Wer nicht wenigstens einmal im Leben Lust gehabt hat, auf diese Weise mit dem derzeit bestehenden elenden Prinzip der Erniedrigung und Verdummung aufzuräumen – der gehört eindeutig selbst in diese Menge und hat den Wanst ständig in Schußhöhe.« (Breton) Es sei auch daran erinnert, daß diese Neigung, wie so vieles andere, bei den Surrealisten eine Theorie ohne praktische Folgen geblieben ist, ganz wie andererseits ihre zeitgenössische Praxis meistens ohne Theorie auskommt.)
Diese individuellen Ausbrüche, die sich mit Gewißheit in naher Zukunft häufen werden, sind für jene, die sich noch nicht dem Dämmern im Kybernetischen überlassen haben, eine Art Aufforderung zum Desertieren und zur Verbrüderung. Die von ihnen eingeforderte Freiheit ist nicht die von einem besonderen Menschen auf ein bestimmtes Ziel hin ausgerichtete Freiheit, sondern die eines jeden, die der Gattung: ein einziger Mensch reicht um zu beweisen, daß die Freiheit noch nicht verschwunden ist.
Das Spektakel kann so giftstrotzende Züge nicht in seinen Stoffwechsel eingliedern. Es kann sie zur Kenntnis nehmen, sie niemals aber ihres Kerns an Unerklärlichem, Unsagbarem und Er-

schreckendem berauben. Dies sind die *beaux gestes* unserer Zeit, eine gänzlich illusionslose Form der Propaganda, die dadurch zustande kommt, daß das Verstummen der Ideologie ihren beunruhigenden und dunkel metaphysischen Charakter nur noch verstärkt.

Paradoxa der Souveränität

Im Spektakel ist die Macht überall, das heißt, daß letztlich alle Beziehungen herrschaftlicher Natur sind. Aus diesem Grund ist dort auch niemand souverän. Es ist eine objektive Welt, in der jeder zuerst sich selbst unterwerfen muß, um anschließend seinerseits zu unterwerfen.

Hier ist es unmöglich, länger als für die Dauer eines Augenblicks oder einer *Geste* dem grundsätzlichen menschlichen Streben nach Souveränität nachzugeben.

Damit sein Leben mehr Realität gewinnt als ein nach allen Richtungen offenes Spiel, ist derjenige, der mit seinem Leben eben nicht nur spielen will, auf die Geste angewiesen. In der Welt der Warenwirtschaft, die die Welt allgemeiner Umkehrbarkeit ist, in der alle Dinge austauschbar sind und sich ineinander verwandeln, in der alles zweideutig, im Übergang begriffen, kurzlebig und hybrid ist, in einer solchen Welt vermag allein die Geste, eine *einschneidende* Unterscheidung zu treffen. Im Glanz der ihr notwendigen Brutalität scheidet sie das »Vorher« von seinem in ihm nicht aufgehenden »Nachher«, das das MAN zähneknirschend als *definitiv* wird anerkennen müssen.

Die Geste ist *Ereignis*. Sie schlägt ins Chaos dieser Welt eine Wunde, auf deren Grund sie ein Bruchstück von Eindeutigkeit festmacht. Es geht ihr darum, die als unterschiedlich erachteten Dinge so tief in ihrem Unterschied zu verwurzeln, daß das, was

sie getrennt hat, nie mehr, in gar keinem Fall, ausgelöscht oder verwischt werden kann.
Es gibt nur eins, was der Herrschaft im Bloom zuwiderläuft, nämlich die Feststellung, daß selbst der von allem enteignete Mensch noch in seiner Nacktheit über eine unbändige metaphysische Befähigung zur Verweigerung verfügt: indem er nämlich andere oder sich selbst tötet. Jedes Mal, wenn der Tod sich ereignet, reißt er ein schmerzhaftes Loch in das biopolitische Gewebe. Der vollendete Nihilismus, der nicht viel mehr vollendet hat als die Auflösung aller Unterschiede in einer grenzenlosen kreisförmigen Immanenz, steckt an dieser Stelle unweigerlich eine Niederlage ein: im Moment der Berührung mit dem Tod hört das Leben plötzlich auf, sich von selbst zu verstehen. Die *Pflicht zur Entscheidung*, die jedes im eigentlichen Sinne menschliche Dasein als solches erst erkennbar macht, hat beim Nahen dieses Abgrunds immer eine Rolle gespielt.

Am Vorabend jenes Tages im März 1998, an dem er vier Schüler-Blooms und einen Lehrer-Bloom töten sollte, verkündete der kleine Mitchell Johnson seinen ungläubigen Mitschülern: *»Morgen werde ich darüber entscheiden, wer weiterleben und wer sterben wird.«* Das ist gleichermaßen weit entfernt vom Erostratismus eines Pierre Rivière wie von der faschistischen Hysterie. Nichts in den späteren Erzählungen über die von einem Kipland Kinkel oder Alain Oreiller angerichteten Blutbäder erstaunt so sehr wie der Zustand ihrer kalten Selbstbeherrschung und ihr von der Erde gelöster, vertikaler Blick auf die Welt. *»Ich mach jetzt nicht länger auf Gefühl«*, sagt Alain Oreiller, während er seine Mutter hinrichtet. Es liegt etwas auf ruhige Weise Selbstmörderisches in der allseitigen Behauptung des Nichtinvolviertseins, der Gleichgültigkeit und der Weigerung zu leiden.
Oft, wenn diese Gesten nicht frei von Haß oder anderen Gründen sind, nimmt das Spektakel sie zum Anlaß, von »Willkür«-

»Ich bin NICHTS«: diese Parodie der Selbstbehauptung ist das letzte Wort der souveränen Subjektivität, die frei geworden ist von der Herrschaft, die sie über die Dinge ausüben wollte oder sollte. [...] denn ich weiß, daß ich im Grunde dieses subjektive und inhaltsleere Dasein bin.

Georges Bataille, *Die Souveränität*

Akten zu sprechen – ein Gattungswort, mit dem es jene Zweckbestimmungen zu verschleiern sucht, die es nicht verstehen *will*, wobei es von der allzu günstigen Gelegenheit Gebrauch macht, um einen der vom bürgerlichen Utilitarismus so geschätzten falschen Gegensätze wiederzubeleben. Um sich vom Gegenteil zu überzeugen, genügt es, die fünf Videokassetten näher in Augenschein zu nehmen, die die »Monster von Littleton« in dem Wissen um ihr Vorhaben aufgenommen haben. Ihr Programm erscheint hier ohne jede Beschönigung: *»Wir werden eine Revolution ins Rollen bringen, eine Revolution der Besitzlosen.«*

Der Haß selbst ist hier undifferenziert und bar jeder persönlichen Note. Der Tod tritt auf dieselbe Weise ins Allgemeine hinein, wie er das Allgemeine auch wieder verläßt, und er ist ohne Zorn.

Es ist nicht unser Ansinnen, solchen Taten eine wie auch immer geartete revolutionäre Bedeutung zu unterlegen oder ihnen einen exemplarischen Charakter zu verleihen. Es geht viel eher darum, sie als Ausdruck einer Schicksalsfügung zu verstehen und sich dessen zu bedienen, um die Tiefen des Bloom auszuloten. Wer immer dieser Spur folgt, wird bald erkennen, daß der Bloom NICHTS ist, daß aber dieses NICHTS das Nichts der Souveränität, das Vakuum der reinen Macht ist.

Der Widerspruch zwischen der Isoliertheit, der Apathie, der Ohnmacht und der Fühllosigkeit des Bloom auf der einen Seite, und seinem dringenden Bedürfnis nach Souveränität auf der anderen, kann die Zahl der absurden und mörderischen, aber notwendigen und wahren Gesten nur vergrößern. Es kommt alles darauf an, sie künftig in den passenden Begriffen erfassen zu können. In denen von *Igitur*, zum Beispiel: *»Einer der Akte des Universums vollzog sich soeben an dieser Stelle. Weiter nichts, blieb der Atem, Ende des Wortes und des Aktes gemeinsam – er löscht die Kerze des Seins, durch die alles gewesen ist. Beweis.«*

Die Epoche vollständiger Schuldhaftigkeit

Die Menschen können sich nicht aussuchen, ob sie kämpfen wollen oder nicht, sondern nur auf welcher Seite sie kämpfen wollen. Neutralität hat mit neutral nichts zu tun, sie ist sogar mit Sicherheit das blutrünstigste aller Lager.

Natürlich ist der Bloom, und zwar der, der schießt, genauso wie der, der unter den Kugeln zusammenbricht, unschuldig. Ist es nicht letztlich so, daß alles nur von einer alles bestimmenden Farce abhängt? Hat er es sich ausgesucht, in dieser Welt zu leben, deren Fortbestehen sich einer unabhängigen gesellschaftlichen Ganzheit verdankt, die ihm von Tag zu Tag immer mehr wie eine außerirdische vorkommt? Was könnte er, verstörter Winzling gegenüber dem Leviathan der Warenwirtschaft, anderes tun, als die Sprache des spektakulären Besatzers zu sprechen, aus der Hand der Biomacht zu fressen und auf seine Weise an der Produktion und Reproduktion des Horrors teilzunehmen?

Der Bloom würde sich gerne wie folgt begreifen können: als sich selbst fremd, als sich selbst äußerlich. Mit dieser Abwehrhaltung aber macht er nur das Zugeständnis, *daß er selbst jener Bruchteil seiner selbst ist, der für die Entfremdung seines restlichen Seins Sorge trägt.*

Was zählt es da schon, daß der Bloom für keine seiner Taten zur Verantwortung gezogen werden kann: er bleibt nichtsdestoweniger für seine Unverantwortlichkeit verantwortlich, gegen die sich zur Wehr zu setzen ihm *jederzeit* offen steht. Weil er, zumindest passiv, eingewilligt hat, nur noch das Prädikat seines eigenen Daseins zu sein, gehört er *objektiv* gesehen der Herrschaftsstruktur an, und noch seine Unschuld ist die allergrößte Schuldhaftigkeit.

Der vollendet nihilistische Mensch, Autor solcher Äußerungen wie »Wozu schon?« und, im gleichen Atemzug: »Was kann ich schon daran ändern?«, lebt mit einem Irrglauben, wenn er denkt, von jedem Fehler unbefleckt zu sein, *weil er nichts ge-*

macht hat und weil so viele andere in der gleichen Situation sind wie er.
Das Spektakel, das so regelmäßig darin übereinkommt, daß der Mörder ein »ganz gewöhnlicher Mensch«, ein »Schüler wie alle anderen auch« war, will uns weismachen, daß die Menschen unserer Zeit ebenfalls an dem Verbrechen teilhaben, das das Spektakel selbst ohne jede Möglichkeit des Widerrufs herbeiführt. Aber es weigert sich, dieses als eine *metaphysische Tatsache* anzuerkennen: So wie der Fall jener, die die Gaskammern von Auschwitz bedienten, uns gelehrt hat, ist die Angst vor der Verantwortung nicht nur stärker als das Gewissen, sondern unter Umständen sogar stärker als die Angst vor dem Tod.

In einer Welt von herrenlosen Sklaven, in einer Welt von *Kollaborateuren*, in einer von einer regelrechten Tyrannei der Knechtschaft beherrschten Welt, macht nichts Geringeres als die antike Pflicht zum Tyrannenmord die einfachste surrealistische Handlung absolut notwendig.

Homo sacer

»Eines schönen Tages werden die Bomben auf uns niederprasseln, damit wir endlich glauben, was zuzugeben wir uns so hartnäckig weigern: nämlich daß die Worte einen metaphysischen Sinn haben.«
Brice Parain, *Die Qual der Wahl*

Die vom Nichts Besessenen beginnen *zögerlich* damit, aus ihrem Dasein als Bloom die Konsequenzen zu ziehen. Auf diesem Wege gerät sein Taumeln ins Blickfeld: Der Bloom ist *heilig* im Sinne Giorgio Agambens, das heißt er ist ein Wesen, das in keinem Rechtsraum seinen Ort hat, das von den Menschen nicht gerichtet und verurteilt, jedoch von jedem Beliebigen getötet werden kann, ohne daß dieser damit ein Verbrechen beginge. Der Bloom ist genau in dem Maße *heilig*, als er sich vom nackten Leben *besessen* weiß, insofern also als er, wie der »Muselmann« in den Lagern, zum einfachen Zeugen seines eigenen Unmenschlich-Werdens wird.
Die Bedeutungslosigkeit und die Namenlosigkeit, die Isolation und die Fremdheit sind nicht einfach die poetischen Begleitumstände, zu deren Überbewertung die melancholische Seite einiger Subjektivitäten neigt: Die Reichweite des so beschriebenen Daseins, des Bloom, ist eine *totale*, und vor allem eine *politische*.
Heilig *ist jeder, der ohne Gemeinschaft ist*. Es reicht schon aus, nichts zu sein, diesseits jeder Anerkennung zu verbleiben oder wie ein schlechthin unpolitisches Individuum aufzutreten, um aus egal welchem Menschen ein Wesen zu machen, dessen Verschwinden keinerlei Spuren hinterlassen wird. Wie unermüdlich auch immer die Litaneien des Mitleids – ewige Reue, usw. – heruntergebetet werden mögen: ein solcher Tod tritt als ein lachhafter, gleichgültiger in Erscheinung und betrifft letztlich nur denjenigen, der verschwindet, das heißt, logischerweise, niemanden. Entsprechend seinem vollständig privaten

Leben ist auch der Tod des Bloom ein Nichtereignis, das ein jeder problemlos ignorieren kann. Daher sind die Einwände jener, die mit einem unterdrückten Schluchzen in der Stimme beklagen, daß die Opfer von Kipland Kinkel es »nicht verdienten zu sterben«, nicht ernst zu nehmen, denn sie *verdienten* es auch nicht zu leben; *sie waren diesseits des Bereichs des Verdienstes*. Insofern als sie da waren, in den Händen der Biomacht, waren sie lebende Tote, die jeder souveränen Entscheidung ausgeliefert waren, der des Staates ebenso wie der des Mörders.

Hannah Arendt:

»Innerhalb der zivilisierten Welt [...] ist der Naturzustand [...] in den Staaten- und Rechtlosen verkörpert, die, indem sie aus allen menschlichen Gemeinschaften herausgeschleudert wurden, auf ihre naturhafte Gegebenheit und nur auf sie zurückgeworfen sind. Sie sind [...] nichts als Menschen; jedoch sofern sie von aller Teilhabe an der von Menschen errichteten und von ihren Künsten ersonnenen Welt ausgeschaltet sind, besagt dies Menschsein nicht mehr, als daß sie dem Menschengeschlecht in der gleichen Weise zugehören wie Tiere der ihnen vorgezeichneten Tierart. Dies abstrakte Menschenwesen, das keinen Beruf, keine Staatszugehörigkeit, keine Meinung und keine Leistung hat, durch die es sich identifizieren und spezifizieren könnte, ist gleichsam das genaue Gegenbild des Staatsbürgers, dessen Ungleichheit und Differenziertheit dauernd innerhalb der politischen Sphäre von dem großen Gleichmacher aller Unterschiede, der Staatsbürgerschaft selbst, eingeebnet werden; denn wiewohl der Rechtlose nichts ist als ein Mensch, ist er doch dies gerade nicht durch die gegenseitig sich garantierende Gleichheit der Rechte, sondern in seiner absolut einzigartigen, unveränderlichen und stummen Individualität, der der Weg in die gemeinsame und darum verständliche Welt dadurch abgeschnitten ist, daß man ihn aller Mittel beraubt hat, seine Individualität in das Gemeinsame zu übersetzen und in ihm auszudrücken. Er ist

Clown

Eines Tages.
Eines Tages, vielleicht bald.
Eines Tages werde ich den Anker losreißen, der mein Schiff festhält, fern von den Meeren.
Loslassen werde ich, mit dem Mut, der dazu gehört, nichts zu sein und nichts als nichts, loslassen werde ich alles, was mir so unablösbar nahe zu sein schien.
Abschneiden werde ich es, umstoßen werde ich es, in die Tiefe werde ich es trudeln lassen.
Meine elende Scham, meine elenden lückenlosen Kombinationen und Kettenschlüsse: mit einem Schlage werde ich sie hinwegschwemmen.
Befreit von der Eiterbeule, jemand zu sein, werde ich von neuem den nährenden Raum trinken...

gleichzeitig der Mensch und das Individuum überhaupt, das allerallgemeinste und allerspeziellste, das beides gleichermaßen abstrakt ist, weil es gleichermaßen weltlos bleibt.« (*Imperialismus*)

Die Vogelfreiheit des Bloom hat einen metaphysischen Stellenwert, das heißt, sie entfaltet ihre Wirksamkeit in allen Bereichen. Sie ist Ausdruck seiner *realen* Situation, neben der seine *rechtliche* Situation ohne Anspruch auf Wahrheit ist. Die Tatsache, daß er wie ein Hund und ohne Rechtfertigung von einem Unbekannten abgeknallt werden kann, oder daß er andererseits selbst fähig ist, ohne im Geringsten ein schlechtes Gewissen zu haben, »Unschuldige« zu ermorden, ist keiner Wirklichkeit zuzurechnen, auf die irgendeine Rechtsprechung zuzugreifen in der Lage wäre. Nur schwache und abergläubische Geister können sich dazu bereit finden zu glauben, eine Verurteilung zu lebenslanger Haft oder ein ordnungsgemäßer Prozeß reichten aus, um solche Ereignisse ungeschehen zu machen und wieder in die Unterwelt zu verbannen. Höchstens kann die Herrschaft dem Vorhandensein des Bloom Rechnung tragen, indem sie etwa kaum verhohlen den Ausnahmezustand ausruft, so wie es die Vereinigten Staaten im Jahr 1996 mit der Verabschiedung eines sogenannten »Anti-Terror-Gesetztes« taten, das es ihnen erlaubt, »Verdächtige« nur aufgrund von Geheimdienstinformationen ohne Anklagepunkte und auf unbestimmte Dauer festzuhalten. Das metaphysische Nichtsein birgt immer ein gewisses physisches Risiko. Sicherlich in Vorsehung der herrlichen Möglichkeiten, die ein solches Nichtsein in Aussicht stellt, hat am 15. Oktober 1978 die Unesco in höchst konsequenter Weise die Allgemeine Erklärung der Rechte des Tieres verabschiedet, in deren Artikel 3 gefordert wird: »1 – Kein Tier darf Mißhandlungen oder Grausamkeiten ausgesetzt sein. 2 – Wenn die Tötung eines Tieres notwendig ist, muß sie schnell, schmerzlos und ohne Erzeugung von Angstgefühlen erfolgen. 3 – Das tote Tier muß mit Würde behandelt werden.«

...Mit Sturzwellen von Lächerlichkeit, von Verkommenheit (was ist das, Verkommenheit?) durch Zerplatzen, durch Leerwerden, durch ein radikales Abservieren-Persiflieren-Purgieren werde ich die Form von mir fortschleudern, die man für so wohlbefestigt hielt, für so eingefügt, so zugeordnet, so angepaßt an meine Umwelt und an meine Mitmenschen.
Auf Katastrophendemut heruntergeschraubt, restlos eingeebnet wie nach einem Heidenbammel.
Unter jedes Maß herabgesetzt, auf meine wirkliche Rangstufe, auf den untersten Rang, dem irgendeine ehrgeizige Idee mich entfremdet hatte.
Abgeschafft in puncto Höhe, in puncto Ansehen...

...Verloren an einem fernen Ort (oder nicht einmal da), ohne Namen, ohne Identität.
Ein Clown, zerschlage ich den Sinn. Im Gespött, im Grotesken, im Gelächter zerschlage ich das Bild, das ich mir wider alles Licht von meiner Bedeutung gemacht hatte.
Ich werde tauchen.
Ohne Geldbeutel tief hinunter ins Geistes-Unendliche, das allen offensteht,
ich selbst geöffnet einem neuen, unglaublichen Tau,
weil ich so ganz nichtig bin
und kahl...
und zum Lachen...

Henri Michaux, *Malereien*

»Tu non sei morta, ma se' ismarrita
Anima nostra che sì ti lamenti.«
Dante, *Convivio*

Daß der Bloom trotz seiner Güte momentan noch dazu gezwungen ist, sich im Mord auszudrücken, ist ein sicheres Anzeichen dafür, daß die Grenze zwar nah, aber noch nicht überschritten ist.
In den von einem im Verschwinden begriffenen Nihilismus dominierten Gefilden, in denen es an Zwecken noch mangelt während sie vor Mitteln bersten, ist die Güte ein mystischer Besitz. Der Wunsch nach bedingungsloser Freiheit bringt hier einzigartige Formulierungen hervor und verleiht den Worten eine Bedeutung voller Paradoxa. Lukàcs:
»Güte [...] ist wild, grausam, blind und abenteuerlich. Die Seele des Guten ist leer geworden von jedem psychologischen Inhalt, von Gründen und Folgen, sie ist ein reines weißes Blatt geworden, auf das das Schicksal seinen absurden Befehl schreibt, und dieser Befehl wird blind, tollkühn und grausam zu Ende geführt. Daß diese Unmöglichkeit zur Tat wird, diese Blindheit zum Hellsehn, diese Grausamkeit zur Güte – das ist das Wunder, die Gnade.« (Von der Armut am Geiste)

Wenngleich diese Ausbrüche von Hilflosigkeit zeugen, so kündigen sie doch durch ihre Häufung zugleich eine zunehmende Unausweichlichkeit an. Die allgegenwärtige Beunruhigung, in ihrer Tendenz, sich immer größere Mengen an immer winzigeren Tatsachen einzuverleiben, spitzt bis zum Äußersten in jedem Menschen die Notwendigkeit zu, sich *zu entscheiden*. Schon sprechen die, für die diese Notwendigkeit die Auslöschung bedeutet, von Apokalypse, während der größere Teil sich damit bescheidet, unterhalb des Minimums in den schlammigen Freuden der letzten Tage zu leben.

Nur jene, die bereits den Sinn kennen, den sie der Katastrophe verleihen werden, bewahren Ruhe und Genauigkeit in ihren Bewegungen.
An der Art und der Intensität der Panik, der sie sich überlassen, erkennt man den gesellschaftlichen Rang unserer Zeitgenossen. Es ist dies ein Kennzeichen, das nicht nur in ethischer und metaphysischer Hinsicht, sondern auch in der Praxis, in der Zeit, gültig ist.

et cetera.

Aber die Welt, in die hinein wir geboren werden, ist eine Welt im Kriegszustand, deren Glanz ausschließlich von der einschneidenden Wahrheit ihrer Einteilung in Freund und Feind herrührt. Das Ziehen der Grenzlinie hat Anteil an ihrer Überschreitung, vermag sie jedoch nicht zu vollenden. Das kann nur der Kampf. Weniger weil er zur Größe herausforderte, als vielmehr weil er die stärkste Erfahrung von Gemeinschaftlichkeit ist, eine Erfahrung, die beständig an die Vernichtung grenzt und sich nur in der äußersten Nähe des Risikos messen läßt. Gemeinsam in der Wüste leben, mit dem gemeinsamen Vorsatz, sich nicht mit ihr zu versöhnen: hierin besteht die Prüfung, und hierher rührt das Licht.

et cetera.

- -

Theorie ist nicht
Denken,
eine bestimmte geronnene,
kunstfertig verarbeitete Menge
an Denken.
Theorie
ist ein Zustand

ein Zustand *intensiven Erstarrens*.

Theorie *vom* Bloom,
für die der Bloom nicht der *Gegenstand* der Theorie ist, für die die Theorie lediglich die allergeläufigste Tätigkeit, die *spontane* Neigung eines im Wesentlichen *theoretischen* Geschöpfs,
eines Bloom, ist.

Diese Theorie hat KEIN ENDE.
Von daher
die Notwendigkeit,
von daher
die Unmöglichkeit, ihr
mit Entscheidungsgewalt
ein ENDE ZU SETZEN.
Überdruß am Wort
Wie wird es ausgehen mit dem Bloom?
Den Bloom auf sich nehmen.
Man befreit sich nur dann wirklich von etwas, wenn man sich das, wovon man sich befreit, *wiederaneignet*.
Was heißt es, den Bloom auf sich zu nehmen?
Der *Gebrauch* der so definierten metaphysischen Situation, der praktische Umgang mit sich selbst als *Trickser*.

Nicht gegen den allgemein verbreiteten schizoiden Zustand, gegen *unseren* schizoiden Zustand ankämpfen,
sondern *von ihm ausgehen*, von ihm als der reinen Fähigkeit zu Subjektivation und Desubjektivation, als einer Befähigung zum *Experiment* Gebrauch machen.
Mit der alten Angst des »Wer bin ich wirklich?« brechen zugunsten einer besseren Kenntnis meiner Lage und des möglichen *Gebrauchs*, den ich davon machen kann.

Nicht im ständig drohenden Bevorstehen eines wunderbaren *Aufbruchs* überleben,

sich nicht zwingen, an den Beruf, den man ausübt, und an die Lügen, die man sagt, zu glauben,
sondern *von dort ausgehen*, in Kontakt mit anderen Agenten des Unsichtbaren Ausschusses – mit *Tiqqun* zum Beispiel – treten und in aller Stille einen Sabotageakt ganz großen Stils auf die Beine stellen.
Sich durch eine bewußte, planvolle Praxis der Selbstverdopplung von seiner Teilnahmslosigkeit losmachen.

IN EINEM ZUNÄCHST INNEREN BRUCH MIT DER WELT

Der Unsichtbare Ausschuß:
Ein *offener Geheimbund*
Eine öffentliche Verschwörung
Eine anonyme Instanz der Subjektivierung, deren Name bald in aller Munde sein wird, und deren Geschäftssitz nirgends ist, der revolutionäre Flügel der Imaginären Partei.

Der Unsichtbare Ausschuß: keine revolutionäre *Organisation*, sondern eine neue Etage der Wirklichkeit,
ein meta-physisches Territorium der Abspaltung, das die Fülle einer Welt annimmt,
ein *Spiel-Raum*, dessen positive Schaffung *allein* die große Fluchtbewegung aus der Welt der Wirtschaft hinausführen kann.

ER IST EINE FIKTION, DIE DIE WIRKLICHKEIT VERWIRKLICHT HAT.

Jedes Anderswo, in das wir hätten fliehen können, ist zerstört, wir können nur mehr ins *Innere* der Situation desertieren, indem wir unsere grundlegende Nichtzugehörigkeit zum biopolitischen Gewebe in eine Teilhabe auf persönlicherer Ebene verkehren,
die nicht zur Rechenschaft gezogen werden kann,

die Spiel-Gemeinschaft des Unsichtbaren Ausschusses, die auf allen Ebenen ein Eindringen in die Gesellschaft anzettelt.
Diese Fahnenflucht ist

eine *Verklärung*.

Der Unsichtbare Ausschuß – der konkrete Raum, in dem unsere Anschläge, unsere Schriften, unsere Gesten, unsere Aussagen, unsere Versammlungen, unsere Ereignisse kursieren:
unsere Fahnenflucht –
verklärt die Gesamtheit dessen, was wir als ein Zugeständnis durchlaufen hatten,
was wir als »Entfremdungen« ausgehalten hatten, zu einer *Strategie der Infiltration*.
Wir sind nicht länger vom Anderen besessen:
die Besessenheit kehrt sich sogar um,
wird sanft.
Und wir setzen diesen Akt
in ein unserer Macht
nicht vorgegebenes Verhältnis um.

EIN ERFAHRUNGSZUGANG ZWEITER ORDNUNG

Das Experiment:
Praktizierte Freiheit,
praktizierter Müßiggang,
stellt sich der Vorstellung eines vom menschlichen Dasein unterschiedenen Emanzipationsprozesses entgegen,
schickt alle gelehrten Befreiungs*vorhaben* an ihre Pulte zurück.

Der Protest,
seine Legitimation,
und sein Vollzug
lassen sich nicht
von der Erfahrung trennen.

Bis zum Äußersten der Möglichkeiten gehen, die meine Situation *enthält.*

Das revolutionäre Experiment
Das kollektiv-revolutionäre Experiment
Das revolutionär-experimentelle Kollektiv
setzt den Aufstieg der Endlichkeit, der Separation und des Ausgesetztseins als den Eckpunkten eines ekstatischen Daseins ins Werk.
Das Leben dessen,
der weiß, daß Schein und Sein dieses Lebens das Gleiche sind,
wenn auch nicht das gleiche *wie er,*
kann nur *in* dieser Welt sein, wenn es vergißt, daß es nicht *von* dieser Welt ist,
und kann sich nur in einer Gemeinschaft zurechtfinden, die seine Einsamkeit gegenüber dem Tod ganz einfach zerstreut,
– indem es gerade mit der Zeit,
die es totschlägt,
bis zum Umfallen tanzt –
dieses Leben IST EXPERIMENT.

Die Sprache,
in Wort und Geste,
Seinsgrund
des Unsichtbaren Ausschusses,
ist das gemeinsame Haus
derer, die ohne Ort sind.
Die Heimstatt derer, die sich zur Lüge einer Zugehörigkeit, eines Heimatbodens und einer Abstammung nicht durchringen können.
Die Rast in der Zerstreuung und im Exil.
Die Mitteilung,
die unsere grundlegende Isolation gelten läßt.

»Sobald wir mit dem Reden aufgehört haben, sich so streng wie möglich an das Gesagte halten, damit nicht alles in der Schwebe bleibt, auf der einen Seite die Worte, wir auf der anderen, und die Reue ob der Trennungen.«

Dieser Text ist eine vorläufige Abmachung.
Das Protokoll eines Experiments,
das unter Deserteuren seinen Anfang nimmt.

Treten Sie unauffällig aus der Reihe.

Jetzt

Anmerkungen

1 Georg Elser, in mancher Hinsicht ein »Vorzeigebloom«, beging am 8. November 1939 ein Bombenattentat gegen Hitler, aus dem einfachen Grund, weil er ihn »für einen schlechten Menschen« hielt. Dieses Attentat scheiterte nur aufgrund eines völlig überraschenden unglücklichen Zufalls. Ein zweiter, ebenso unwahrscheinlicher unglücklicher Zufall wollte es, daß er auf der Flucht an der Schweizer Grenze festgenommen wurde. Er wurde nie für sein Verbrechen verurteilt, jedoch in verschiedenen Lagern mit dem einzigartigen Status eines **Führersonderhäftlings* in Gewahrsam genommen. Der Prozeß Eichmanns, eines Bloom, der sich nach eigenen Worten in ein Rechtssubjekt und einen realen, inneren, wahrhaften Menschen unterscheidet und auf diese Weise vorgeben kann, nicht Herr seiner Taten zu sein, macht die Unmöglichkeit deutlich, den Bloom zu verurteilen, das heißt ihn aufgrund des Rechts und in seinen Begriffen zu begreifen.

2 In der ersten Ausgabe der Zeitschrift *Tiqqun* finden sich *Erste Materialien für eine Theorie des Jungen-Mädchens.*

Nachwort zur deutschen Ausgabe

Unser einziges Anliegen ist der Kommunismus. Kommunismus nicht als gesellschaftliches oder politisches System, sondern als ein *Experiment*, als Experiment *des Teilens*.

Es gehört zur Strategie der allgemein beobachtbaren Gegenrevolution, uns nicht nur so vieler Solidaritäten, Orte und Bindungen, so vieler *Mittel* beraubt zu haben, sondern uns darüber hinaus noch die Wahrnehmung dessen, woran wir gebunden sind und das Netzwerk von Realitäten, die uns ausmachen, genommen zu haben.

Der Bloom ist, wenn man so will, die Figur schlechthin dieser Enteignung, der lebendige Fingerzeig auf die allgemeine Proletarisierung, die sich zur Zeit im Westen vollzieht, und die den Westen *dem Ende aller Zeiten* immer näher bringt. Ein bösartiger Zeitgenosse sagte einmal: »Im Grunde ist diese *Theorie vom Bloom* nur ein neuer Universalismus. Alles, was diese jungen Leute zu bieten haben, ist der Vorschlag, das Wort ›Mensch‹ durch den Ausdruck ›Bloom‹ zu ersetzen.« Und in der Tat hat der Bloom eine universelle Gültigkeit, wenngleich diese nicht universell wirksam ist – schließlich laufen uns täglich Wesen über den Weg, *die keine Blooms sind*; vielmehr ist sie eine *negative* Allgemeinheit, die negative Allgemeinheit des *Bedürfens*. Und dies negative Bedürfnis ist vor allem anderen ein menschliches Bedürfnis nach der Welt. Die Menschen kommunizieren anhand ihrer Bedürfnisse, anhand ihrer Bedürfnisse beziehen sie sich auf das sagenumwobene Netzwerk von Realitäten, die sie ausmachen, und durch ihre Bedürfnisse – und nicht durch das, was sie *sind* – unterscheiden sie sich auch voneinander. Also versuchen Sie, versuchen Sie nur mal einen Tag lang, das Wort ›Mensch‹ durch den Ausdruck ›Bloom‹ zu ersetzen. Sie werden ja sehen; Sie werden sehen, *wie sehr* die *Theorie vom Bloom* jedem Humanismus entgegensteht. Worum es also geht, ist, aus der mangelnden Bereitschaft zum Teilen – die Einsamkeit, die Endlichkeit, das Geworfensein – den Entwurf eines möglichen Teilens zu machen. Also gerade den Verlust alles ethischen Gespürs *spürbar* zu machen.

Wir verwenden den Begriff ›sittlich'. Wir wollen damit keineswegs auf eine Reihe sprachlich faßbarer Vorschriften, einzuhaltender Regeln oder noch zu entwerfender Kodizes verweisen. In unserem Mund bezeichnet der Begriff ›sittlich‹ *all das, was auf die Lebensformen bezogen ist*. Ethiken der Zukunft oder der Zerbrechlichkeit, Bioethiken oder ethischer Handel: alle möglichen Überlegungen bieten sich als kraftlose Alternativen zur reinen Herrschaft der Polizeimacht an, und bezeichnen sich selbst als ›ethisch‹. Das macht keinen Sinn. Es gibt keine Möglichkeit einer formalen Ethik. Es gibt nur das freie Spiel der *Lebensformen* und die auf lokaler Ebene von diesen geprägten Versuchsprotokolle.

Die deutsche Leserschaft, die vermutlich weder *Tiqqun 1* noch *Tiqqun 2* je in den Händen hatte, wird zurecht danach fragen, welche Bedeutung die Chiffre ›Tiqqun‹ an einer Stelle hat, an der MAN gewöhnlich den Namen eines Autors erwartet. Tiqqun ist, soviel vorab, weder ein Autor noch ein Autorenkollektiv. Tiqqun ist ein Instrument, ein Instrument der Anonymisierung im Dienste einer Position. Diese Position, diese politische Position, nimmt in Zeit und Raum als eine doppelte Abspaltung Gestalt an: zum Einen Abspaltung vom Prozeß kapitalistischer Wertsteigerung, von einem Prozeß also, der in *Tiqqun 1* noch »Welt der autoritären Warenwirtschaft« genannt wurde, den man aber genauso gut »Empire« nennen kann; zum Anderen Abspaltung von allem, was die einfache *Opposition* gegen das Empire, sei sie auch außerparlamentarisch, an Sterilität mit sich bringt; Abspaltung also von *der Linken*. Dabei hat Abspaltung hier weniger die Bedeutung einer konkreten Gesprächsverweigerung als die einer Neigung zu äußerst intensiven Kommunikationsformen, die dort, wo sie sich entfalten, dem Feind den größten Teil seiner Kräfte entreißen.

Ihren *öffentlichen* Ausdruck findet diese Haltung momentan nur in den Ausschreitungen des Schwarzen Blocks und in der materiellen Zusammenarbeit einiger selbstverwalteter Bauernhöfe.

Was bei allem, was wir schreiben und was wir tun auf dem Spiel steht, ist der Versuch, den Bereich des politischen Erscheinungsbildes zu verschieben, den Bereich dessen, was von allen als eine *Tatsache* anerkannt wird, von der aus entscheidende Dinge wirksam werden, von der aus etwa Freundschaften und Feindschaften definiert werden können. Wir sagen daß »die grundlegende menschliche Einheit nicht der Körper, sondern die *Lebensform* ist«[1]; daß die politische Frage *schlechthin* nicht darin besteht, ausgehend von der Menge der individuellen Körper einen Gesellschaftskörper zu erstellen, sondern das freie Spiel zwischen einer Viefalt von *Lebensformen* zu erarbeiten, zu verfeinern und zu differenzieren. Jede *Lebensform* ruft ihrerseits eine bestimmte Gefühlswelt ins Leben. Der Bauer ruft eine entschieden andere Welt ins Leben als der Bürokrat. Wenn dem Krieger ein jedes als Waffe entgegentritt, so dem Arbeiter als Werkzeug. Allein der Bloom, der von keinem und nichts *benötigt* wird, kennt, als ein rein Verfügbares und als das reine Zögern, sich von *egal welcher Lebensform* berühren zu lassen, nichts im Besonderen. Wir sagen, daß das Politische auf der Seite der Aufstellung und der Intensivierung des Spiels zwischen den unterschiedlichen *Lebensformen* ist. Und der Kommunismus ist die Erfahrung, die man immer dann machen kann, wenn äußerst unterschiedliche Welten beginnen, miteinander zu kommunizieren, und sei es auch in der Konfrontation.

---

1. »Einführung in den Bürgerkrieg«, in: *Tiqqun 2*.

Man sieht also, daß das Empire das genaue Gegenteil hiervon ist, denn im Empire läßt die gegenseitige Zerstörung der Welten und die permanente Bedrohung der Auflösung die Geschlossenheit der Systeme zur Bedingung ihres Fortbestehens werden. Der größte Teil unserer theoretischen Anstrengungen, von der *Theorie vom Bloom* bis zu den *Ersten Materialien für eine Theorie des Jungen-Mädchens*, gilt dem Versuch, die *Lebensformen* ans Licht zu bringen. Eine der größten Schwächen revolutionären Denkens besteht bis heute in der Unfähigkeit, den Lebensformen Rechnung zu tragen. Eine bestimmte Spielart des Marxismus ist darauf sogar besonders stolz. Dabei kann revolutionäres Denken aber nur dann zu einer konkreten Kraft werden, wenn es sich auf den Boden der Sittlichkeit begibt, auf dem allein die unterschiedlichen Gefühlswelten Gestalt annehmen. MAN wird uns entgegnen, nur das reaktionäre Denken behandle solche Dinge als *politische*: Nietzsche, Jünger, Evola, Dumézil, Lasch, Spengler, Guénon. Diese Denker haben in der Tat an der Diagnose des Bloom ihren Anteil. Aber das Besondere am reaktionären Denken ist, daß es ihm nicht gelingen mag, das, was ist, zu beschreiben, ohne jene Kraft auszuklammern, die im »Realen« am Werk ist. Es sieht zwar den Bloom, nicht aber seine Ambivalenz. Es erkennt sein Verhängnis, nicht aber die Aura von Macht, die ihn umgibt. Letztlich muß es gerade durch seinen Realismus die Realität des Bloom verkennen.

Wir warnen einen jeden davor, den Begriff »Bloom« als einen Ausdruck der Verachtung zu gebrauchen.

MAN schafft es, drei Millionen Leute »für Demokratie und gegen Terrorismus« auf die Straße zu bringen. Mit dem neuesten Ehedrama irgendeines Prominenten kann MAN die Aufmerksamkeit eines ganzen Landes beanspruchen. Aber es gelingt uns nicht, die Ausbreitung einer lebensfeindlichen Architektur in der Stadt, in der die Tage unseres Lebens dahingehen, zu unterbinden. Es gelingt uns nicht, uns gegen das geballte tägliche

Leiden zu erheben, das das MAN uns mit winzigen Gesten, gewöhnlichen Vulgaritäten und unangreifbaren Hierarchien in unser Gehaltsempfängerleben hineinimpft. Wir schaffen es nicht, auch nur den ersten Satz jener bitteren Litaneien, die uns bis obenhin ausfüllen, in Worte zu fassen. Es ist, als fehlte die Oberfläche, in die all das sich einschreiben ließe. Als würde der Boden, auf dem wir uns die Schlacht liefern könnten, unaufhörlich unter unseren Füßen schwinden. Den Großteil der Beschwerden, die wir gegen die aktuellen Lebensbedingungen vorzubringen haben, kann MAN im Handumdrehn vom Tisch fegen: das ist ein »psychologisches«, oder »subjektives«, oder »existentielles« Problem. Das ist Metaphysik. Auf diese Weise will MAN vor allem sagen, daß es nicht *politisch*, also für einen kollektiven Beschluß geeignet ist. Wir hingegen sagen, daß jede Bezugnahme auf das freie Spiel zwischen Lebensformen dazu geeignet ist, die Form einer kollektiven Anstrengung anzunehmen. Und daß da, wo dieses Spiel als ein Leiden erfahren wird, eine Intensität vorhanden ist, die *von vornherein* etwas politisches aus ihm macht. Wir arbeiten an der Aufstellung einer gemeinschaftlichen Kraft, der die Aussage »MAN blumifiziert uns« oder »Wir sind keine Jungen-Mädchen« für einen mehrtägigen Aufruhr durchaus ausreicht. Schließlich gelingt es einigen, mit der Begründung, mißhandelte Tiere retten zu wollen, Laboratorien in die Luft zu sprengen oder in ein World Trade Center zu fliegen, weil die Amerikaner Ungläubige sind.

In *Tiqqun 1* sprachen wir vom Imaginären Ausschuß, vom grauen Terror, vom Bloom als *homo sacer*, von der Militarisierung des Unheils, von der Welt autoritärer Warenwirtschaft. Im Lichte der letzten Episoden des weltweiten Bürgerkriegs sehen wir heute besser, worum es geht. Unsere Position, die heute noch als die einer Minderheit, als versponnen, oder einfach als außerirdisch erscheinen mag, hat nicht die Absicht dies zu bleiben. Wenn selbst die Soziologen beginnen, vom Sinn des Lebens zu sprechen, und wenn einer von ihnen, der zu allem

Überfluß auch noch Trotzkist ist, hierzu schreibt: »Das *Ich* und das *Wir* scheinen von einem Windstoß erfaßt worden zu sein, der in Bälde Individuum und Gesellschaft in Stücke fliegen lassen wird, um das Feld der Barbarei zu überlassen« – man muß wohl nicht extra darauf hinweisen, daß dieser Trotzkist *vorgibt, Benjamin gelesen zu haben* – dann ist der historische Augenblick gekommen, in dem eine solche Position sich bereit macht, auf den Plan zu treten. Der Westen hat sich auf eine in seinem Inneren bereits keimende Erhebung einzustellen, die ihn rissig machen wird, wie die Stimme Kafkas den klassischen Roman rissig gemacht hat.

Man hat lange gesagt, die Überschreitung ginge von anderswo aus. Das Hinausgehen des Bloom wird keine gesellschaftliche Tatsache sein. Die Gesellschaft kann nicht länger vorausgesetzt werden. Alles muß gesetzt, neu gesetzt werden. Wir verorten uns am Beginn eines Prozesses revolutionärer Neuformierung, der vielleicht eine Generation lang dauern wird, der jedoch ergiebiger als alles ihm Vorausgehende sein wird, weil die Gesamtheit der ungelöst gebliebenen Probleme es *erfordert*, jetzt angegangen zu werden.

In diesem Sinne können wir der deutschen Leserschaft nur empfehlen, die Lektüre eines *Aufrufs* in Angriff zu nehmen, der ihr nun in deutscher Sprache zugänglich ist.

t r a n s
p o s i t i o n e n

Jean-Luc Nancy
Corpus

Aus dem Französischen von Nils Hodyas und Timo Obergöker
136 Seiten, Fadenheftung, Franz. Broschur
ISBN 3-935300-12-3
EURO 18.90; SFr. 32,50

Mit diesem, bereits in zahlreiche Sprachen übersetzen Hauptwerk Nancys liegt einer der radikalsten philosophischen Texte der Gegenwart nunmehr auch auf Deutsch vor.

Nancys Denken löst den Begriff des Körpers aus den dualistischen Umklammerungen von Materie und Geist, Leib und Seele, Innen und Außen und überführt das unter dem Dikat der Bedeutung stehende Schreiben vom Körper in ein »Entschreiben« des Körpers. Die gewonnenen Perspektiven erlauben eine Dekonstruktion der religiösen und philosophischen, der naturwissenschaftlichen und literarischen Konzepte vom Körper.

Jenseits der »gewaltigen Körperpresse« des Kapitals, der Technik und des Krieges eröffnet Nancys Denken einen Ausblick auf neue Dimensionen des Einzelnen in der Gemeinschaft einer Welt der Körper.

t r a n s
p o s i t i o n e n

Jean-Luc Nancy
Die Erschaffung der Welt *oder*
Die Globalisierung

Aus dem Französischen von Anette Hoffmann
160 Seiten, Fadenheftung, Franz. Broschur
ISBN 3-935300-21-2
EURO 19.90; SFr. 33,90

Was läßt sich aus der Konfrontation einer Theologie und Philosophie der Schöpfung mit den ökonomisch-technologischen Realitäten gewinnen? Was kann dabei eine neuerliche Lektüre von Marx leisten, eine Begegnung mit Augustinus?

Jean-Luc Nancy unternimmt in diesem Buch eine Neubestimmung zentraler philosophischer Begriffe wie *Welt, Schöpfung, Wert* und unterzieht Schlagworte wie *Biopolitik, Souveränität* und *Gerechtigkeit* einer grundlegenden Revision.

Aus der Perspektive des heutigen globalen Kapitalismus baut Nancy sein Projekt eines *political turn* der Dekonstruktion weiter aus und liefert dem Verständnis einer zukünftigen Gesellschaft und Poltik entscheidende Anstöße.

t r a n s
p o s i t i o n e n

Alain Badiou
Über Metapolitik

Aus dem Französischen von Heinz Jatho
224 Seiten, Fadenheftung, Franz. Broschur
ISBN 3-935300-39-5
EURO 22.90; SFr. 38,90

»Unter ›Metapolitik‹ verstehe ich, was es für eine Philosophie – an sich und für sich – zu bedeuten hat, daß die wirklichen Politiken Gedanken sind. Die Metapolitik wendet sich gegen eine politische Philosophie, die vorgibt, es sei Sache des Philosophen, ›das‹ Politische zu denken, weil die Politiken keine Gedanken seien…

Es ist eine Grundnotwendigkeit des heutigen Denkens, die ›politische Philosophie‹ zu beenden. Deren zentrale Operation besteht darin, die Politik auf die ›freie Entscheidung‹ und die ›Diskussion‹ zurpückzuführen – in einer Öffentlichkeit, in der letztlich nur Meinungen zählen.

Die Frage einer möglichen politischen Wahrheit ist also nicht allein vom Standpunkt der ›Diskussion‹ aus zu untersuchen, sondern innerhalb des ganzen komplexen Prozesses, der die Diskussion an die Entscheidung bindet.«

t r a n s
p o s i t i o n e n

Giorgio Agamben
Mittel ohne Zweck
Noten zur Politik

Aus dem Italienischen von Sabine Schulz
152 Seiten, Fadenheftung, Franz. Broschur
ISBN 3-935300-10-7
EURO 14.80 / SFr. 26.90

Warum konstituiert der Ausnahmezustand die Grundstruktur einer jeden staatlichen Ordnung? Weshalb hat der Begriff ›Menschenrechte‹ ausgedient? Was wäre der Ort und was der Raum einer künftigen ›polis‹?

Die hier versammelten Texte formulieren eine radikale Kritik von Politik im Zeitalter entleerter Kategorien. Im Rückbezug auf Hannah Arendt, Carl Schmitt und Michel Foucault skizziert Giorgio Agamben neue Perspektiven des Politischen im Kontext der heutigen demokratisch-spektakulären Gesellschaften.